ΣBEST シグマベスト

定期テスト超直前でも平均+10点ワーク

中学歴史

文英堂

はじめに

中学の定期テストって？

部活や行事で忙しい！

中学校生活は，部活動で帰宅時間が遅くなったり，土日に活動があったりと，まとまった勉強時間を確保するのが難しいことがあります。

テスト範囲が広い！

また，定期テストは「中間」「期末」など時期にあわせてまとめて行われるため範囲が広く，さらに，一度に5教科や9教科のテストがあるため，勉強する内容が多いのも特徴です。

だけど…

日頃の学習が，今後の土台になる！

日頃の学習の積み上げや理解度が，中学さらには高校での学習内容の土台となります。

高校入試にも影響する！

中3だけではなく，中1・中2の成績が内申点として高校入試に影響する都道府県も多いです。

忙しくてやることも多いし…，
時間がない！

テスト直前になってしまったら
何をすればいいの!?

テスト直前でも，
重要ポイント＆超定番問題だけを
のせたこの本なら，
爆速で得点アップできる！

本書の特長と使い方

この本は，**とにかく時間がない中学生**のための，
定期テスト対策のワークです。

1. 基本をチェック　でまずは基本をおさえよう！

テストに出やすい基本的な**重要用語を穴埋(あなう)め**にしています。
空欄(くうらん)を埋めて，大事なポイントを確認しましょう。

2. 10点アップ！ の超定番問題で得点アップ！

超定番の頻出(ひんしゅつ)問題を，**テストで問われやすい形式**でのせています。
わからない問題はヒントを読んで解いてみましょう。

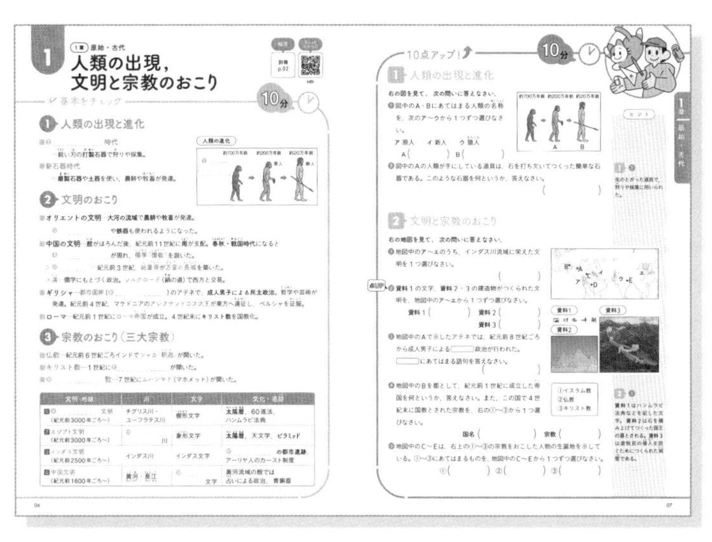
1章 原始・古代
人類の出現，
文明と宗教のおこり
基本をチェック
1 人類の出現と進化
2 文明のおこり
3 宗教のおこり（三大宗教）
10点アップ！
1 人類の出現と進化
2 文明と宗教のおこり

答え合わせ　はスマホでさくっと！

その場で簡単に，赤字解答入り誌面が見られます。（くわしくはp.04へ）

ふろく　重要用語のまとめ

巻末に中学歴史の重要用語をまとめました。
学年末テストなど，1年間のおさらいがさくっとできます。

“さくっとマルつけ”システムについて

●本文のタイトル横のQRコードを，お手持ちのスマートフォンやタブレットで読み取ると，そのページの解答が印字された状態の誌面が画面上に表示されます。別冊の「解答と解説」を確認しなくても，その場ですばやくマルつけができます。

くわしい解説は，別冊 解答と解説 を確認！

●まちがえた問題は，解説をしっかり読んで確認しておきましょう。

●ミス注意！も合わせて読んでおくと，テストでのミス防止につながります。

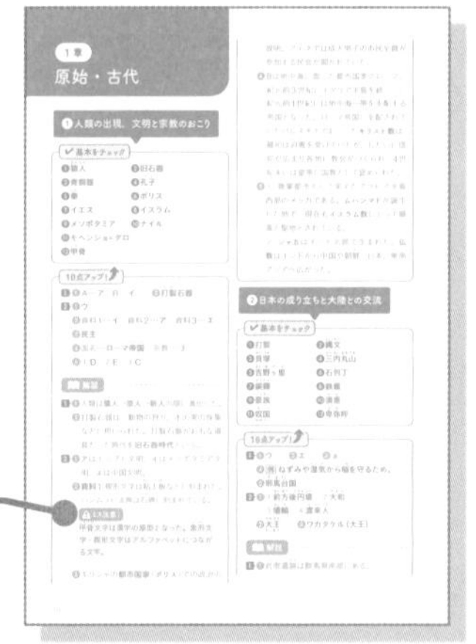

●「さくっとマルつけシステム」は無料でご利用いただけますが，通信料金はお客様のご負担となります。●すべての機器での動作を保証するものではありません。●やむを得ずサービス内容に変更が生じる場合があります。●QRコードは㈱デンソーウェーブの登録商標です。

もくじ

1

1章 原始・古代

人類の出現，文明と宗教のおこり

基本をチェック

10分

1 人類の出現と進化

■❷＿＿＿＿＿＿時代

…鋭い刃の打製石器で狩りや採集。

■新石器時代

…磨製石器や土器を使い，農耕や牧畜が発達。

人類の進化

2 文明のおこり

■**オリエントの文明**…**大河の流域**で**農耕**や**牧畜**が発達。

❸＿＿＿＿＿＿や**鉄器**も使われるようになった。

■**中国の文明**…**殷**がほろんだ後，紀元前11世紀に**周**が支配。**春秋・戦国時代**になると

❹＿＿＿＿＿＿が現れ，儒学（儒教）を説いた。

＞❺＿＿＿＿＿…紀元前3世紀，始皇帝が万里の長城を築いた。

＞漢…儒学にもとづく政治。シルクロード（絹の道）で西方と交易。

■**ギリシャ**…都市国家（❻＿＿＿＿＿＿）のアテネで，**成人男子による民主政治**。哲学や芸術が発達。紀元前4世紀，マケドニアのアレクサンドロス大王が東方へ遠征し，ペルシャを征服。

■**ローマ**…紀元前1世紀にローマ帝国が成立。4世紀末に**キリスト教**を国教化。

3 宗教のおこり（三大宗教）

■仏教…紀元前6世紀ごろインドでシャカ（釈迦）が開いた。

■キリスト教…1世紀に❼＿＿＿＿＿＿が開いた。

■❽＿＿＿＿＿＿教…7世紀にムハンマド（マホメット）が開いた。

文明（時期）	川	文字	文化・遺跡
1 ❾＿＿＿＿＿＿文明（紀元前3000年ごろ～）	チグリス川・ユーフラテス川	楔形文字	**太陰暦**，60進法，ハンムラビ法典
2 エジプト文明（紀元前3000年ごろ～）	❿＿＿＿＿＿＿川	象形文字	**太陽暦**，天文学，**ピラミッド**
3 インダス文明（紀元前2500年ごろ～）	インダス川	インダス文字	⓫＿＿＿＿＿＿**の都市遺跡**，アーリヤ人のカースト制度
4 中国文明（紀元前1600年ごろ～）	黄河・長江	⓬＿＿＿＿＿＿文字	黄河流域の殷では占いによる政治，青銅器

10点アップ！ 10分

1 人類の出現と進化

右の図を見て，次の問いに答えなさい。

約700万年前　約200万年前　約20万年前

A　B

❶図中のA・Bにあてはまる人類の名称を，次のア～ウから１つずつ選びなさい。

ア 原人　　イ 新人　　ウ 猿人

A（　　　　）　B（　　　　）

❷図中のAの人類が手にしている道具は，石を打ち欠いてつくった簡単な石器である。このような石器を何というか，答えなさい。

（　　　　）

ヒント

1-❷
先のとがった道具で，狩りや採集に用いられた。

2 文明と宗教のおこり

右の地図を見て，次の問いに答えなさい。

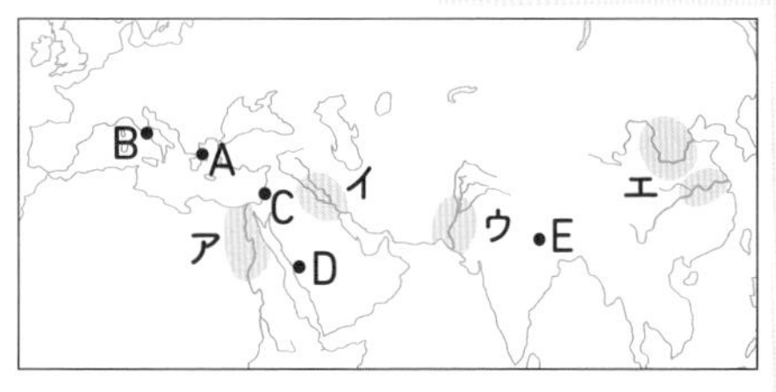

❶地図中のア～エのうち，インダス川流域に栄えた文明を１つ選びなさい。

（　　　　）

点UP ❷**資料１**の文字，**資料２・３**の建造物がつくられた文明を，地図中のア～エから１つずつ選びなさい。

資料１（　　　　）　**資料２**（　　　　）
資料３（　　　　）

資料1

資料2

資料3

❸地図中のAで示したアテネでは，紀元前８世紀ごろから成人男子による□□政治が行われた。□□にあてはまる語句を答えなさい。

（　　　　）

❹地図中のBを都として，紀元前１世紀に成立した帝国を何というか，答えなさい。また，この国で４世紀末に国教とされた宗教を，右の①～③から１つ選びなさい。

①イスラム教
②仏教
③キリスト教

国名（　　　　）　宗教（　　　　）

❺地図中のC～Eは，右上の①～③の宗教をおこした人物の生誕地を示している。①～③にあてはまるものを，地図中のC～Eから１つずつ選びなさい。

①（　　　　）　②（　　　　）　③（　　　　）

2-❶
資料１はハンムラビ法典などを記した文字。**資料２**は石を積み上げてつくった国王の墓とされる。**資料３**は遊牧民の侵入を防ぐためにつくられた城壁である。

2 1章 原始・古代

日本の成り立ちと大陸との交流

別冊 p.02

I-02

基本をチェック 10分

1 日本列島の誕生と縄文時代

■旧石器時代の日本…❶＿＿＿＿石器を使いナウマンゾウ・オオツノジカなどの狩りや採集。

■縄文時代の日本…たて穴住居に住み，❷＿＿＿＿土器を用いた。土偶をつくって自然のめぐみを祈った。水辺に❸＿＿＿＿ができた。

原始～古代の遺跡

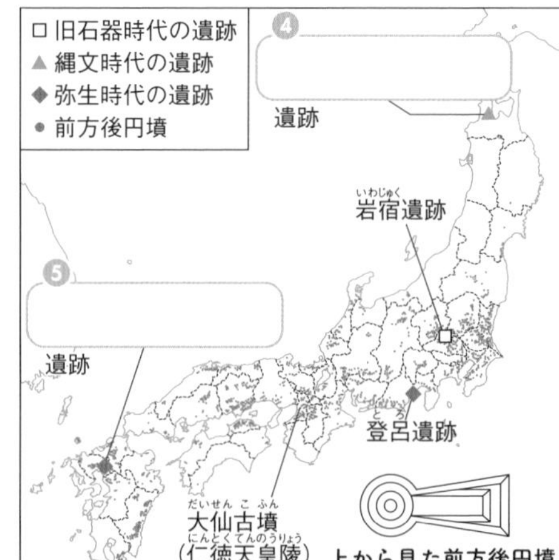

2 弥生時代の始まりとクニの成立

■稲作の伝来…紀元前4世紀ごろ水田での稲作が大陸から九州へ伝来。❻＿＿＿＿で稲の穂先をつみ取り高床倉庫に保存。米の保存や調理に弥生土器を用いた。

■金属器の伝来…銅鐸・銅剣・銅矛などの青銅器。武器や農具，工具として❽＿＿＿＿。

■クニの成立…有力なムラがクニへと成長。

たて穴住居

高床倉庫

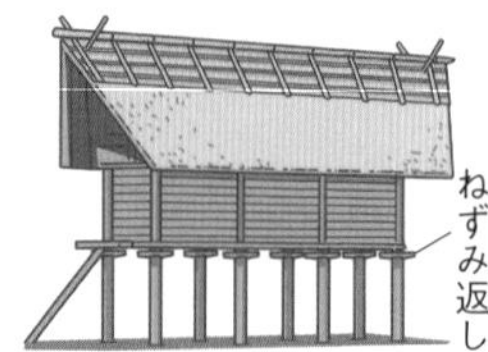

3 大和政権と古墳文化

■大和政権（ヤマト王権）…大王を中心に❾＿＿＿＿が連合。

■5世紀には倭の五王（ワカタケル大王など）が宋（南朝）へ朝貢。

■古墳文化…古墳は大王や豪族の墓。前方後円墳は特に大型。頂上やまわりには埴輪が並べられた。渡来人が朝鮮半島などから移り住み，❿＿＿＿＿器・ため池・漢字・儒学などをもたらした。

土偶

❼＿＿＿＿

中国の歴史書の中の日本

『漢書』地理志（紀元前1世紀）	『後漢書』東夷伝（紀元1世紀）	『三国志』魏書（魏志倭人伝）（紀元3世紀）
倭（日本）には100余りのクニがあり，中には，朝鮮半島の楽浪郡を通じて漢に使いを送るクニもあった。	57年に⓫＿＿＿＿の王が漢に朝貢してきたので，光武帝は金印を授けた。	倭では戦乱が長く続いたので，邪馬台国の⓬＿＿＿＿を王とした。239年に⓬は使いを魏の都に送り，皇帝から「親魏倭王」という称号や銅鏡などを授けられた。

1 日本列島の誕生と縄文・弥生時代

右の地図を見て，次の問いに答えなさい。

❶ 日本で打製石器が初めて発見された岩宿遺跡を，地図中の**ア**～**エ**から１つ選びなさい。（　　）

❷ 縄文時代の大規模な集落跡が発見された，地図中のAの遺跡名を，次の**ア**～**エ**から１つ選びなさい。（　　）

ア 登呂遺跡　**イ** 大仙（仁徳陵）古墳
ウ 吉野ヶ里遺跡　**エ** 三内丸山遺跡

❸ 紀元前４世紀ごろ，大陸から稲作が伝わった地域を，地図中のa～dから１つ選びなさい。（　　）

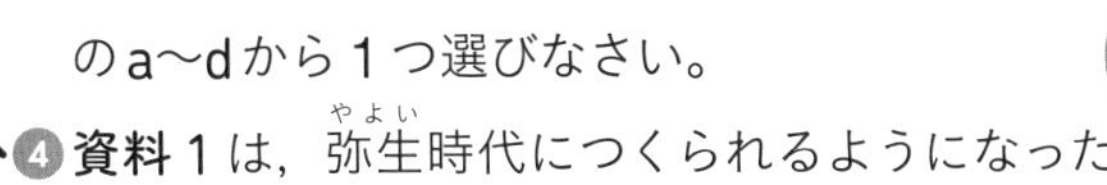

点UP ❹ **資料１**は，弥生時代につくられるようになった倉庫を示している。⬅のように床を高くつくっている理由を，簡単に説明しなさい。
（　　）

❺ **資料２**中のBにあてはまる国名を答えなさい。（　　）

資料1

資料2

倭では戦乱が長く続いたので，（ B ）の卑弥呼を王とした。卑弥呼は使いを魏の都に送り，皇帝から「親魏倭王」という称号や銅鏡などを授けられた。

ヒント

1 ❸
稲作は西日本から東日本へと広まった。

2 大和政権と古墳文化

次の文を読んで，あとの問いに答えなさい。

3世紀後半から，$_{a}$王や豪族の墓として（ ① ）という大型の古墳が奈良県を中心につくられるようになった。各地の豪族は（ ② ）政権に従うようになり，古墳の分布も広まっていった。古墳の表面には，人や家，馬などをかたどった（ ③ ）が並べられた。また，王は進んだ技術をもつ（ ④ ）とよばれる人々を大陸から積極的に受け入れるとともに，$_{b}$中国の皇帝へ使者を送った。

❶ 文中の①～④にあてはまる語句を答えなさい。

①（　　）②（　　）
③（　　）④（　　）

❷ 下線部aは，５世紀には何とよばれるようになったか，答えなさい。（　　）

❸ 下線部bを行った王のうち，稲荷山古墳（埼玉県）の鉄剣などに名が刻まれたのはだれか，答えなさい。（　　）

2 ❸
中国の宋（南朝）へ使いを送り，朝鮮半島での立場を有利なものにしようとした。

3 律令国家の形成

別冊 p.03

I-03

基本をチェック

1 聖徳太子と飛鳥文化

- **聖徳太子**(厩戸皇子)…593年，**推古天皇**の**摂政**となり，**蘇我馬子**とともに新しい政治を行う。❶＿＿＿＿で家がらにとらわれずに役人を採用。**儒学や仏教の考え**をもとに十七条の憲法を制定。**小野妹子**を❷＿＿＿＿として**隋**へ派遣。
- ❹＿＿＿＿文化…聖徳太子が建てた法隆寺など。

2 律令国家への歩み

- **大化の改新**…645年，❺＿＿＿＿が**中臣鎌足**らとともに蘇我氏をたおして政治を改革。❻＿＿＿＿・公民の方針。❺は**白村江の戦い**に敗れた後，天智天皇となった。
- ❼＿＿＿＿**天皇**…壬申の乱に勝って即位。**中央集権**をめざした。
- ❽＿＿＿＿…中国の唐の律令にならって701年に制定。

3 奈良時代の暮らしと文化

- ❾＿＿＿＿…唐の都にならい，710年に奈良につくられた。
- **班田収授法**…戸籍にもとづき**口分田**を割り当て。口分田の不足から，743年に❿＿＿＿＿を制定。
- **天平文化**…⓬＿＿＿＿天皇のころ栄えた。国ごとに**国分寺**と**国分尼寺**，都に東大寺。『**古事記**』『**風土記**』『**日本書紀**』『万葉集』がまとめられた。

十七条の憲法

一に曰く，和をもって貴しとなし，さからう(争う)ことなきを宗とせよ。
二に曰く，あつく三宝を敬え。三宝とは仏・法(仏教の教え)・僧なり。
三に曰く，詔(❸＿＿＿＿の命令)をうけたまわりては必ずつつしめ。
〈部分要約〉

律令国家のしくみ

中央 二官八省の役所で仕事を分担

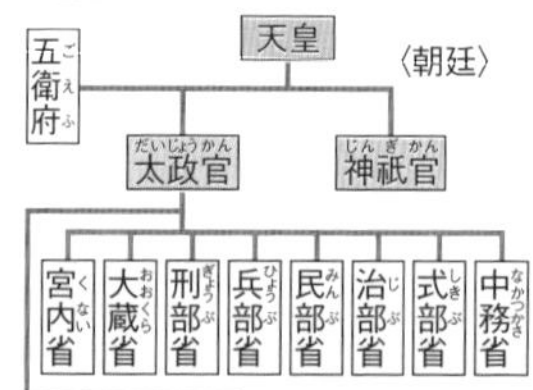

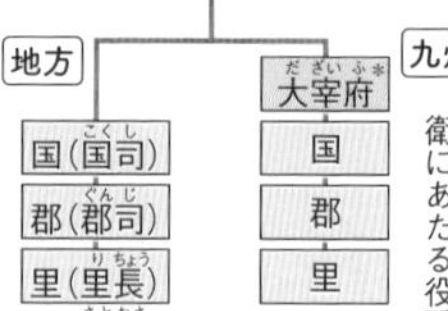

*九州の政治・防衛にあたる役所

遣唐使がもたらした五絃琵琶

奈良時代の人々の負担

⓫＿＿＿	収穫量の約3％の稲
調	地方の特産物など
庸	労役のかわりの布
雑徭	地方での労役
兵役	1年間の都の警備(衛士)や，3年間の北九州の警備(防人)

10点アップ！ 10分

1 聖徳太子の政治と大化の改新

右の図を見て，次の問いに答えなさい。

❶ 図中のAについて，日本に仏教を正式に伝えた朝鮮半島の国を，次のア〜ウから1つ選びなさい。 (　　　)

ア 新羅　**イ** 高句麗　**ウ** 百済

❷ 図中のBについて，(　　)にあてはまる推古天皇のおいで，摂政となった人物名を答えなさい。 (　　　)

❸ 右の□は，図中のBのころ建てられた寺院の建造物や仏像，工芸品を示している。この寺院を何というか，答えなさい。 (　　　)

❹ 図中のCの中心となった人物は，中大兄皇子ともう1人はだれか，答えなさい。 (　　　)

❺ 図中のDの天皇は，何という戦乱に勝って即位したか，答えなさい。 (　　　)

点UP ❻ 図中のEの「律」と「令」のうち，刑罰の決まりはどちらか，答えなさい。 (　　　)

A	B	C	D	E
渡来人の活躍	(　)の政治	大化の改新	天武天皇の政治	大宝律令

A → B → C → D → E

金堂・五重塔・釈迦三尊像・玉虫厨子

ヒント

1 ❸ 世界文化遺産に登録されている。

2 奈良時代の政治と文化

右の地図を見て，次の問いに答えなさい。

❶ この都がつくられたころ，中国へ送られていた使節名を答えなさい。 (　　　)

❷ 地図中のAやBの市で使われた，右の写真の貨幣を何というか，答えなさい。 (　　　)

❸ 地図中のCにあてはまる，正倉院などの建物をふくむ寺院名を答えなさい。 (　　　)

❹ 地図中のCの大仏の造立が命じられたころ，墾田永年私財法が出された。この法令が出された目的を，簡単に説明しなさい。
(　　　)

平城京

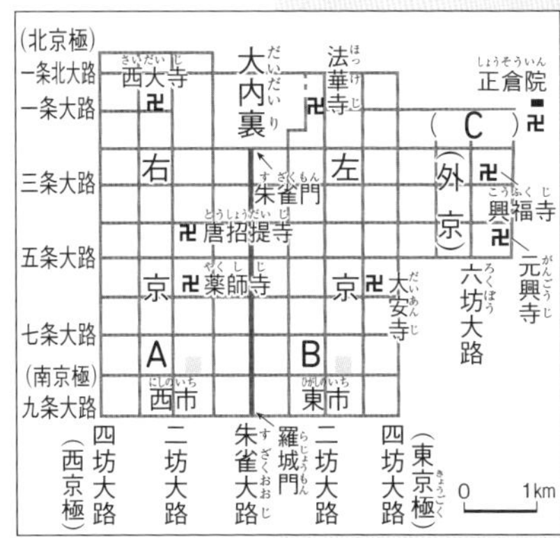

ヒント

2 ❸ 聖武天皇が建立の詔を発した。

❹ このころ人口が増加し，自然災害のため田は荒れていた。

4 貴族の政治

10分

1 平安京と新しい仏教

■律令政治の立て直し…桓武天皇が784年に平城京から長岡京へ，794年に長岡京から❶＿＿＿＿＿＿へ遷都。

❷＿＿＿＿＿＿を征夷大将軍に任じ，東北地方の蝦夷とよばれる人々を攻めた。

■仏教の新しい教え…❸＿＿＿＿＿＿が天台宗を伝え，延暦寺（比叡山）を，空海が❹＿＿＿＿＿＿を伝え，金剛峯寺（高野山）を開いた。

東北地方の支配

凸朝廷が設けた城または柵（数字は設置年）

秋田城（733）　志波城（803）　出羽柵（708ころ）　胆沢城（802）　磐舟柵（648）　多賀城（724）　渟足柵（647）　勿来関　白河関

0　100km

新しい仏教

2 摂関政治と文化の国風化

■藤原氏の政治…自分の娘を天皇のきさきとし，生まれた子を天皇に立て，摂政・❻＿＿＿＿＿＿の位につくことで，政治の実権をにぎった。道長・頼通親子のとき全盛。

■国風文化…菅原道真の提案で遣唐使を停止→貴族の間で，日本の自然や生活に合った独自の文化が生まれた。

> かな文字…紫式部の『❼＿＿＿＿＿＿』，清少納言の『枕草子』，紀貫之らの編集した『古今和歌集』など。

> ❽＿＿＿＿＿＿…庭園に自然を取り入れた貴族の邸宅の様式。

> 大和絵…日本の風景や人物をえがいた絵画。

■浄土信仰…阿弥陀仏にすがって極楽浄土への生まれ変わりを願う仏教の教え。藤原頼通が宇治（京都府）に建てた阿弥陀堂である❾＿＿＿＿＿＿など。

東アジアの国々の変化

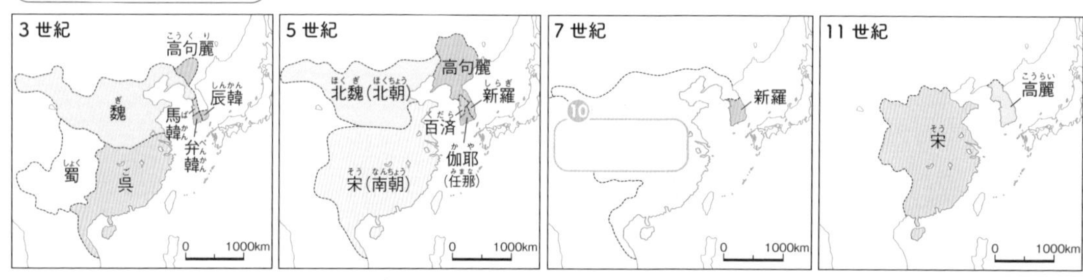

10点アップ！ 10分

1 平安時代の始まりと東アジアの変化

右の年表を見て，次の問いに答えなさい。

❶ 年表中のAについて，都を平安京に移した天皇はだれか，答えなさい。（　　　）

❷ 年表中のBについて，（　　）にあてはまる蝦夷を平定するための役職を何というか，答えなさい。（　　　）

❸ 年表中のCについて，遣唐使の停止を提案した人物を，次のア～エから1つ選びなさい。（　　　）

ア 菅原道真　イ 山上憶良
ウ 大伴家持　エ 阿倍仲麻呂

年代	できごと	
794	平安京に都を移す ……………………	A
797	坂上田村麻呂を（　　）に任じる ……	B
	↕ア	
894	遣唐使を停止する ……………………	C
	↕イ	
907	唐がほろびる	
	↕ウ	
979	宋が中国を統一する …………………	D

点UP ❹ 年表中のDの宋で発達した文化を，次のア～エから1つ選びなさい。（　　　）

ア 甲骨文字　イ 太陽暦
ウ 須恵器　エ 朱子学

❺ 空海が真言宗を広めた時期を，年表中のア～ウから1つ選びなさい。また，空海が高野山に開いた寺院を何というか，答えなさい。

時期（　　　）
寺院（　　　）

ヒント

1 ❸
学者で政治家。のちに政治の争いにやぶれて九州の大宰府へ追放された。

❺
空海と最澄は同じ時期に遣唐使とともに唐にわたった。

2 摂関政治と貴族の文化

次の問いに答えなさい。

❶ 右の資料は，（　　）が自分の娘を天皇のきさきとしたとき，その得意な気持ちを歌ったものである。（　　）にあてはまる人物名を答えなさい。また，この人物が就任した，幼少の天皇を補佐して政治を行う位を何というか，答えなさい。

> この世をば　わが世とぞ思う
> 望月の　かけたることも
> なしと思えば　（『小右記』）

人物（　　　）　位（　　　）

❷ 平安時代に栄えた貴族の文化を何というか，答えなさい。また，次の①～③にあてはまる人物名を答えなさい。　文化（　　　）

①『古今和歌集』を編集した。　②『枕草子』を書いた。
③『源氏物語』を書いた。

①（　　　）
②（　　　）
③（　　　）

2 ❶
9世紀半ばから11世紀にかけて関白の位とともに，藤原氏が独占した。

❷
②・③はともに，朝廷に仕えていた女性である。

1 （2章）中世

武士の台頭

10分

1 武士の成長

■**武士の登場**…**棟梁**を中心とする**武士団**のうち，源氏と

❶＿＿＿＿＿が台頭。

＞**武士の反乱**…関東で平将門の乱，瀬戸内地方で藤原純友の乱。東北地方の**前九年合戦・後三年合戦**で源義家が活躍。

■**朝廷の政治と内乱**…❸＿＿＿＿＿天皇が**位をゆずって上皇となったのちも政治**を行った(院政)。保元の乱(1156年)，❹＿＿＿＿＿の乱(1159年)→**平清盛**が台頭。

武士の反乱

◆平氏出身の武士団
▲源氏出身の武士団
・その他の武士団
東北地方の争乱
(前九年・後三年合戦)
1051～62
1083～87
保元の乱 1156
平治の乱 1159
平泉
藤原純友の乱
939～941
京都
太宰府
❷ 939(935)～940
＿＿＿＿＿の乱

2 武家政権の成立

■**平氏の政権**…平清盛が朝廷の最高職である**太政大臣**に就任。中国の❺＿＿＿＿＿と貿易。

■**源平の争乱**…1185年，❻＿＿＿＿＿の戦いで源義経が平氏をほろぼした。

■**鎌倉幕府の成立**…源頼朝は国ごとに❼＿＿＿＿＿を，荘園・公領ごとに地頭を置き，1192年，**征夷大将軍**に任じられた。御家人との間に御恩・❽＿＿＿＿＿の主従関係。

■**執権政治**…将軍を補佐する執権を**北条氏**が代々引きつぐ。後鳥羽上皇が兵を挙げるが幕府軍に敗れる❿＿＿＿＿＿→幕府の勢力が西日本へ。北条泰時が御成敗式目(貞永式目)制定。

3 鎌倉時代の暮らしと文化

■**農業の発達**…耕作に**牛馬**を，肥料に**草木の灰**を使用。**二毛作**。

■**商業の発達**…交通の要地で⓫＿＿＿＿＿。

■**鎌倉文化**…**東大寺南大門**の金剛力士像(**運慶**)。**藤原定家**らの『新古今和歌集』。**兼好法師**の『**徒然草**』。軍記物の『⓬＿＿＿＿＿』。

僧	宗派	特色
法然	浄土宗	「南無阿弥陀仏」と念仏を唱えて極楽浄土へ生まれ変わる。
親鸞	浄土真宗	
⓭＿＿＿＿＿	時宗	
日蓮	日蓮宗(法華宗)	「南無妙法蓮華経」の題目を唱える。
栄西	臨済宗	座禅によって自力でさとる(禅宗)。
道元	曹洞宗	

新しい仏教の宗派

鎌倉幕府のしくみ

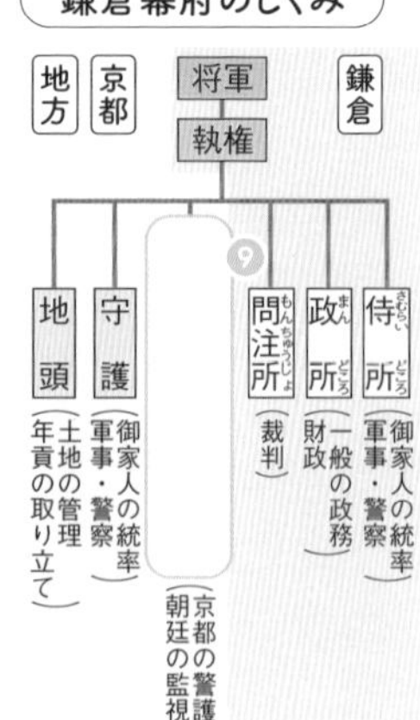

10点アップ！ 10分

1 武士の成長と武家政権

右の地図を見て，次の問いに答えなさい。

❶ 地図中のa・bのうち，源氏があてはまるのはどちらか，選びなさい。（　　）

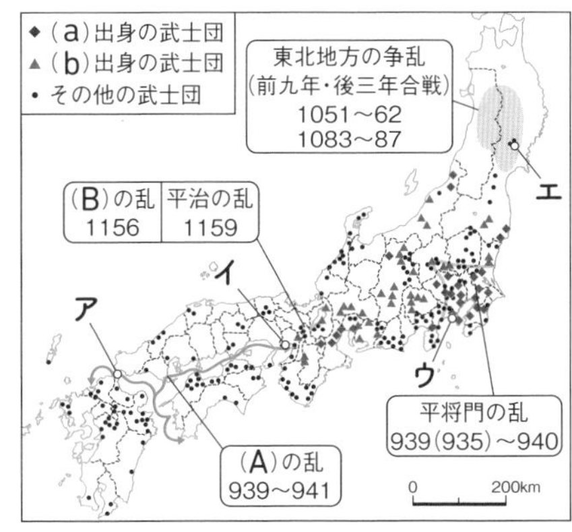

❷ 地図中のAにあてはまる人物名，Bにあてはまる語句を答えなさい。

A（　　　　）　B（　　　　）

点UP ❸ 白河上皇が院政を始めた時期を，次のア～ウから1つ選びなさい。（　　）

ア　平将門の乱～前九年合戦

イ　前九年合戦～平治の乱

ウ　平治の乱以降

❹ 源義経が平氏をほろぼした場所を，地図中のア～エから1つ選びなさい。（　　）

ヒント

1 ❸ 藤原氏の摂関政治より後で，平清盛が政権を握る前の時期。

2 鎌倉時代の政治・文化

右の年表を見て，次の問いに答えなさい。

❶ 年表中のAの（　）にあてはまる，荘園・公領ごとにおかれた役職を何というか，答えなさい。（　　　）

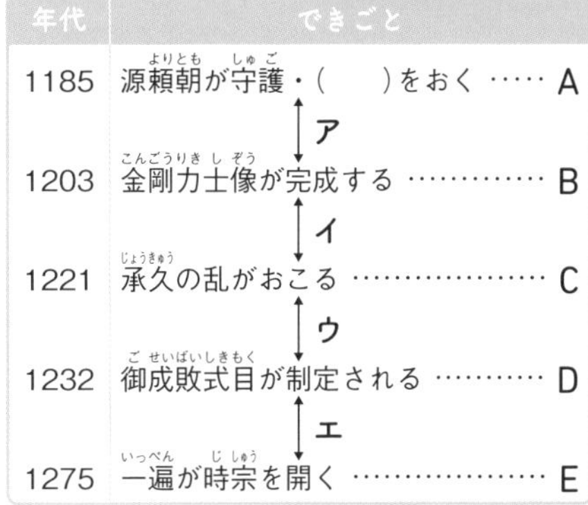

年代	できごと
1185	源頼朝が守護・（　　）をおく …… A
	↕ア
1203	金剛力士像が完成する …………… B
	↕イ
1221	承久の乱がおこる ………………… C
	↕ウ
1232	御成敗式目が制定される ………… D
	↕エ
1275	一遍が時宗を開く ………………… E

❷ 年表中のBがおさめられた，右下の建造物名を答えなさい。（　　　）

❸ 年表中のCの後，鎌倉幕府の勢力はどのように変化したか。簡単に説明しなさい。

（　　　　　　　　　　）

❹ 年表中のDの法令を制定した人物名を答えなさい。（　　　）

❺ 年表中のEの仏教の宗派が重んじたものを，次のア～エから1つ選びなさい。（　　）

ア　題目　　イ　山奥での修行　　ウ　念仏　　エ　座禅

❻ 源氏の将軍が3代で絶えた時期を，年表中のア～エから1つ選びなさい。（　　）

2 ❹ 初代執権は北条時政，2代執権は北条義時，3代執権は北条泰時。

別冊 p.05

I-06

モンゴルの襲来と民衆の成長

基本をチェック

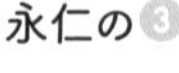

1 鎌倉幕府の滅亡と室町幕府

■**モンゴルの襲来**…① ＿＿＿＿ が**大都**（北京）に都を移し，中国の国号を元とした。文永の役と弘安の役の二度，九州へ兵を送る→執権② ＿＿＿＿ のもと御家人が活躍し元軍撤退。

■**鎌倉幕府のおとろえ**…**領地の分割相続や，元寇での負担**により，御家人の生活が困窮。幕府は③を出す。

■**室町幕府の成立**…足利尊氏らが挙兵し鎌倉幕府滅亡→後醍醐天皇の④ ＿＿＿＿ →2年で終わる→京都に北朝，**後醍醐天皇は吉野へ（南朝）**→尊氏が京都に室町幕府を開く→**守護**が強大化⑤ ＿＿＿＿。

■3代将軍⑥ ＿＿＿＿ **の政治**…南朝と北朝を統一し，南北朝の動乱を終わらせた。

永仁の③ ＿＿＿＿

領地の質入れや売買は，御家人の生活が苦しくなるもとなので，今後は禁止する。…御家人以外の武士や庶民が御家人から買った土地については，売買後の年数に関わりなく，返さなければならない。　〈部分要約〉

室町幕府のしくみ

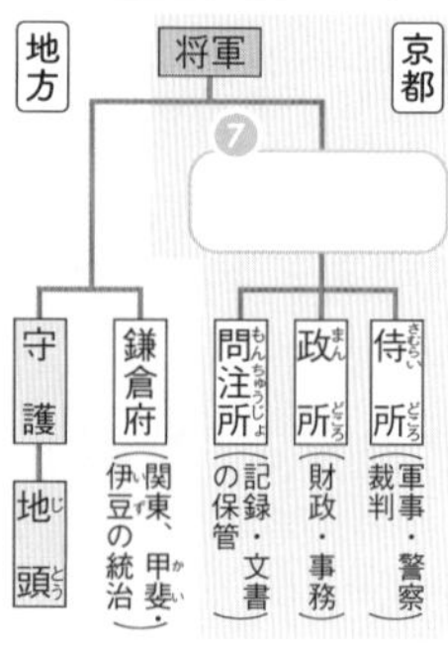

2 アジアとの交流と民衆の成長

■**14世紀の東アジア**…漢民族が明を建国。**李成桂**（イソンゲ）が高麗をたおし，朝鮮国（**朝鮮**）を建国。**尚氏**が三王国を統一し，⑧ ＿＿＿＿ を建国。

＞日明（勘合）貿易…⑨ ＿＿＿＿ **の取りしまり**を求めてきた明に対して，足利義満は**朝貢貿易**。

■**民衆の成長**…物資の輸送を管理する問（**問丸**），馬に荷物を乗せて運ぶ馬借が活動。都市で町衆という裕福な商工業者が自治。⑩ ＿＿＿＿・酒屋が金貸しで栄え，商工業者が座という組合。農村で⑪ ＿＿＿＿ という自治組織で**寄合**を開いた。土一揆や国一揆，一向一揆がおこった。

3 戦乱の世と室町文化

■**応仁の乱**…1467年，⑫ ＿＿＿＿ のあとつぎをめぐる守護大名の対立から，京都で戦い→下剋上の風潮。

■**戦国大名**…⑬ ＿＿＿＿ を制定。

■**室町文化**…足利義満のころ…金閣。能（**能楽**）。狂言。足利義政のころ…銀閣。⑭造。水墨画。民衆の間では御伽草子や連歌などの文化。

⑭ ＿＿＿＿ 造

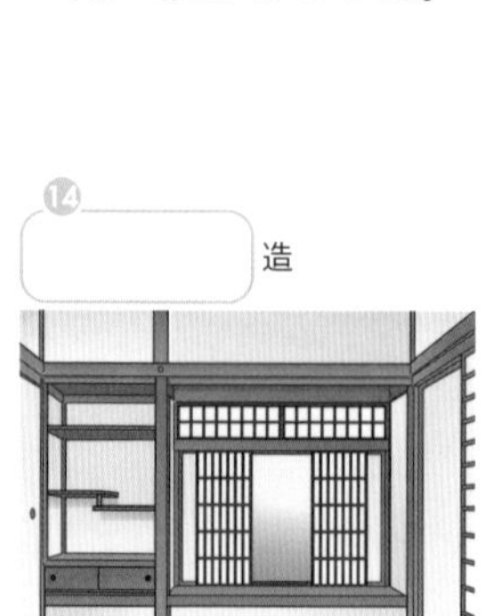

10点アップ！

1 鎌倉幕府の滅亡とアジアとの交流

右の年表を見て，次の問いに答えなさい。

年代	できごと
1274	文永の役がおこる ………………… A
1297	永仁の徳政令が出される ………… B
1333	鎌倉幕府がほろびる ……………… C
1392	李成桂が(　　)を建国する ……… D
1404	日明貿易が始まる ………………… E

❶ 年表中のAがおこった地域を，次の**ア**～**エ**から１つ選びなさい。（　　）

ア 近畿地方　**イ** 北海道南部

ウ 関東地方　**エ** 九州地方北部

❷ 年表中のBで救済の対象となった人々を，次の**ア**～**エ**から１つ選びなさい。（　　）

ア 公家　**イ** 御家人　**ウ** 農民　**エ** 商人

点UP ❸ 年表中のCで大きな働きをした人物を，次の**ア**～**オ**から２つ選びなさい。（　　）（　　）

ア 新田義貞　**イ** 北条時宗

ウ 後鳥羽上皇　**エ** 足利尊氏

オ 源義家

❹ 年表中のDの（　　）にあてはまる国名を答えなさい。（　　）

資料

本字壹號　本字壹號

❺ 右上の**資料**は，年表中のEで正式の貿易船に発行された証明書である。これを何というか，答えなさい。（　　）

2 民衆の成長と戦国時代

右の地図を見て，次の問いに答えなさい。

D　A　B　C　0　200km

❶ 地図中のAの都市で1467年から始まった戦乱名を答えなさい。また，この戦いの後，全国に広まった身分の下の者が上の者をたおす風潮を何というか，答えなさい。

戦乱（　　）

風潮（　　）

❷ Aの都市にある銀閣で取り入れられた，畳や床の間をそなえた建築様式を何というか，答えなさい。（　　）

❸ 地図中のA・B・Cなどの都市で自治を行った，有力な商工業者を何というか。また，商工業者が同業者ごとにつくった組合名を答えなさい。

商工業者（　　）　**組合名**（　　）

❹ Dの地域でおこった一揆を，次の**ア**～**ウ**から１つ選びなさい。（　　）

ア 国一揆　**イ** 土一揆　**ウ** 一向一揆

ヒント

1 ❷ Aなどの戦いで活躍した人々。

❸ いずれも鎌倉幕府の有力な御家人であった。

❺ 日本の貿易船は左半分を持参し，明の原簿（右半分）と照合した。

2 ❷ 現代の和風建築のもとになっている。

❹ 北陸では浄土真宗の信仰が広まっていた。

3章 近世

1 ヨーロッパ人の来航

I-07

基本をチェック

1 キリスト教世界とイスラム教世界

■**十字軍(じゅうじぐん)の遠征(えんせい)**…エルサレムをイスラム教勢力からうばい返すため，ローマ教皇のよびかけで11世紀末から①＿＿＿＿＿＿を派遣(はけん)。遠征は失敗。

■③＿＿＿＿＿＿(**文芸復興(ぶんげいふっこう)**)…**古代ギリシャ・ローマの文化を復興させる動き。レオナルド＝ダ＝ビンチ**の『モナ＝リザ』，**ミケランジェロ**の『ダビデ』など。

■**宗教改革**…**免罪符(めんざいふ)**を販売(はんばい)するローマ教皇を，ルターが批判して始めた教会の改革。従来のキリスト教会(カトリック)は④＿＿＿＿＿＿会がアジア・アメリカ大陸などへ布教。改革を進めたドイツの**ルター**，スイスの**カルバン**を支持する勢力は，プロテスタントと呼ばれた。

十字軍の遠征

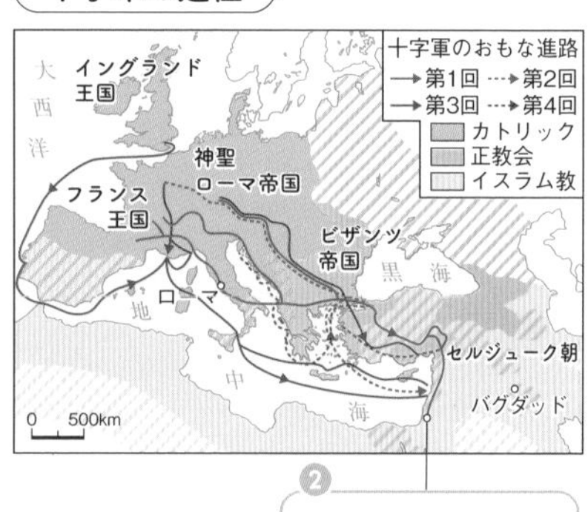

2 大航海時代

■**新航路の開拓**…アフリカ南端(なんたん)を回って⑤＿＿＿＿＿＿が**インドに到(とう)達(たつ)**。コロンブスが**西インド諸島に到達**。

⑥の船隊が**世界一周を達成**。スペインは**アステカ王国**と**インカ帝国**をほろぼし，植民地を広げた。

新航路と植民地（16世紀ごろ）

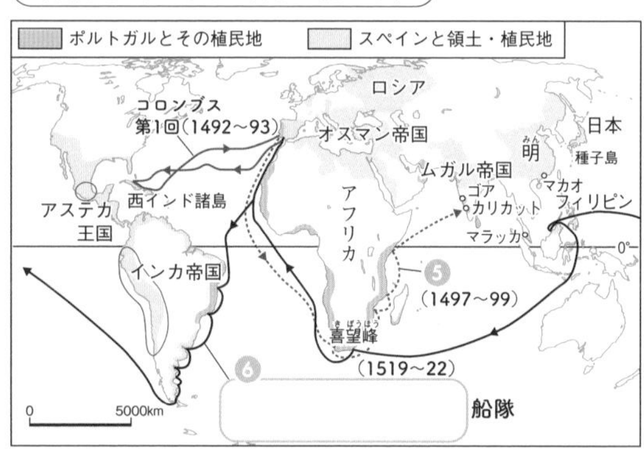

3 鉄砲とキリスト教の伝来

■**鉄砲(てっぽう)の伝来**…1543年，**種子島(たねがしま)**(鹿児島県)に流れ着いた⑦＿＿＿＿＿＿**人**が，鉄砲を伝えた。

■**キリスト教の伝来**…イエズス会の宣教師(せんきょうし)⑧＿＿＿＿＿＿が鹿児島に上陸し，各地でキリスト教を布教した。

■⑨＿＿＿＿貿易…**南蛮人(なんばんじん)**とよばれたポルトガル人やスペイン人との間の貿易。**絹(きぬ)織物・生糸(きいと)・鉄砲などが輸入され，銀が輸出された。**

10点アップ！ 10分

1 キリスト教世界と大航海時代

右の年表を見て，次の問いに答えなさい。

年代	できごと
476	西ローマ帝国がほろびる …………… A
	↕ ア
794	平安京がつくられる
	↕ イ
1206	チンギス＝ハンがモンゴルを統一する
	↕ ウ
1492	（　　）が西インド諸島に到達する …… B
	↕ エ
1517	ルターが（　　）を始める …………… C
	↕ オ
1581	オランダがスペインから独立する …… D

❶ 年表中のAの後も，キリスト教はヨーロッパ各地へ広まっていった。大きな影響力をもつようになったカトリック教会の首長を何というか，答えなさい。（　　　　）

❷ 年表中のBの（　　）にあてはまる人物名を答えなさい。（　　　　）

❸ 年表中のCの（　　）にあてはまる，カトリック教会の腐敗を正そうとする運動を何というか，答えなさい。（　　　　）

❹ 年表中のDのオランダには，Cの後に勢力を広げた新しいキリスト教の教えを受け入れる人が多かった。このような人々は何と呼ばれたか，答えなさい。（　　　　）

点UP ❺ 次のできごとがおこった時期を，年表中の**ア**～**オ**から１つずつ選びなさい。

① ルネサンスの動きが始まった。（　　）

② 十字軍の遠征が始まった。（　　）

ヒント

1 ❶ 十字軍の遠征が失敗に終わった後は，権威を失っていった。

❹ 「抗議する人々」という意味。

3章 近世

2 ヨーロッパ人との出会い

右の地図を見て，次の問いに答えなさい。

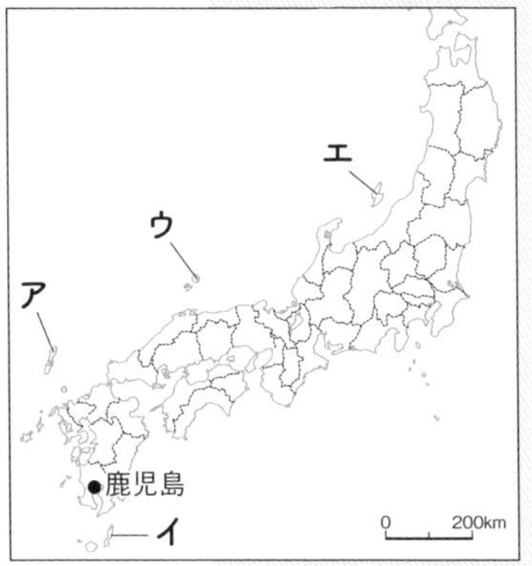

❶ ポルトガル人により鉄砲が伝えられた島を，地図中の**ア**～**エ**から１つ選びなさい。（　　）

❷ 地図中の鹿児島に伝えられたキリスト教は急速に広まり，信者になる大名も現れた。大名がキリスト教徒となった，信仰以外の目的を簡単に説明しなさい。

（　　　　　　　　　　）

❸ ポルトガルの人々とともに，南蛮貿易のおもな相手となったのはどこの国の人々か，答えなさい。（　　　　）

❹ 南蛮貿易のおもな輸出品を，次の**ア**～**エ**から１つ選びなさい。

ア 絹織物　**イ** 生糸　**ウ** 銀　**エ** 時計　（　　）

ヒント

2 ❶ 鉄砲のことを「種子島」とよぶこともあった。

2 織田・豊臣の全国統一

別冊 p.07

I-08

基本をチェック

10分

1 織田信長の統一事業

■織田信長の台頭…桶狭間の戦いで今川義元を破った。❶＿＿＿＿の戦いで鉄砲を有効に使い武田勝頼をたおした。比叡山延暦寺を焼き打ち。石山本願寺を中心とする❷＿＿＿＿一揆をおさえた。一方でキリスト教を保護した。室町幕府をほろぼした。

■信長の経済政策

＞❸＿＿＿＿城を築き，楽市・楽座を実施。座の特権を取り上げ，城下で市の税を免除。

＞関所の廃止…交通の便をよくした。

■本能寺の変…家臣の❻＿＿＿＿＿＿にたおされた。

織田信長・豊臣秀吉の統一の歩み

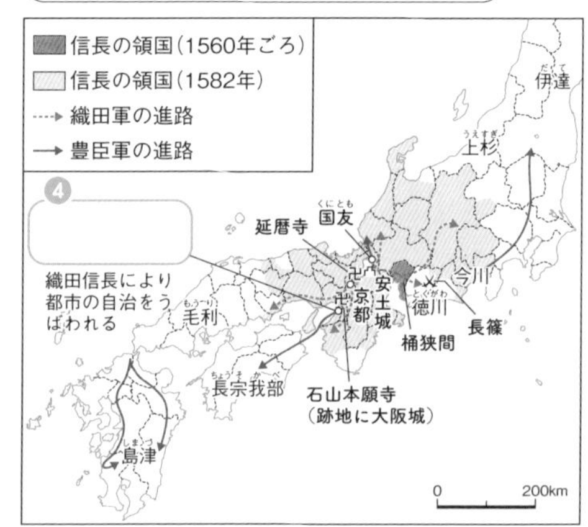

❺＿＿＿＿令

一　この安土の町は楽市としたので，座の特権は廃止し，税や労役はすべて免除する。〈部分要約〉

2 豊臣秀吉の統一事業

■豊臣秀吉の台頭…山崎の戦いで明智光秀をたおした。徳川家康を従えたのち関白となった。大阪城を築いた。石見などの鉱山を直接支配。

❼＿＿＿＿＿＿教宣教師の追放を命じた(バテレン追放令)。一方で貿易は許した。

■身分制社会の確立…武士と百姓の身分を区別する❽＿＿＿＿＿＿を進めた。

＞太閤検地…田畑の広さを調べ，百姓に年貢をおさめる義務。

＞刀狩…百姓から刀・やりなどの武器を取り上げた。

■全国統一…1590年に関東・東北地方を攻め全国を統一。

■朝鮮侵略…2度朝鮮へ出兵。

■桃山文化…姫路城など天守閣をもつ城に狩野永徳らのふすま絵。

❿＿＿＿＿＿＿がわび茶を大成。出雲の阿国がかぶき踊り。

『唐獅子図屏風』(狩野永徳)

❾＿＿＿＿令

一　諸国の百姓が，刀・脇差し・弓・やり・鉄砲・そのほかの武具のたぐいを所持することを禁止する。その理由は，武具をもつ者が一揆をおこして処罰されると，土地を耕す者がいなくなり，年貢が減ってしまうからである。〈部分要約〉

10点アップ！

1 織田信長・豊臣秀吉の統一事業

右の地図を見て，次の問いに答えなさい。

❶ 織田信長が次の戦いで破った大名を，地図中から1つずつ選びなさい。

① 桶狭間の戦い（　　　　　　氏）

② 長篠の戦い（　　　　　　氏）

❷ 信長が城下で行った楽市・楽座は［　　］の発展を目的としていた。右下の資料を参考にして，［　　］にあてはまる語句を答えなさい。

（　　　　　　）

❸ 豊臣秀吉が本拠地として築いた城は，地図中の**ア**・**イ**のどちらか。記号とその城の名を答えなさい。

記号（　　　　）　**城**（　　　　）

❹ 秀吉は地図中の明智氏をたおした直後から，全国の土地の面積や収穫量を調べた。この調査を何というか，答えなさい。

（　　　　　　）

点UP ❺ 次の文中のaにあてはまる人物名を，信長・秀吉から選びなさい。また，bにあてはまる語句を答えなさい。

地図中の長崎が，イエズス会に寄進されていることを知った（ a ）は，宣教師の国外（ b ）を命じた。

a（　　　　　　）　b（　　　　　　）

信長の領国（1560年ごろ）
信長の領国（1582年）
大名
織田軍の進路
豊臣軍の進路
柴田　朝倉　浅井　武田　北条　今川　明智　ア　イ　長崎　0　200km

— この安土の町は楽市としたので，座の特権は廃止し，税や労役はすべて免除する。

ヒント

1 ❺

領主よりも神を重んじるキリスト教の教えを警戒した。

2 安土桃山時代の文化

次の問いに答えなさい。

❶ 右の絵をえがいた人物を，次の**ア**～**エ**から1つ選びなさい。

ア 雪舟　**イ** 運慶　（　　　　）

ウ 道元　**エ** 狩野永徳

❷ 次の人物に関連の深い文化を，下の**ア**～**オ**から1つずつ選びなさい。

① 千利休（　　　　）　② 出雲の阿国（　　　　）

ア かぶき踊り　**イ** 御伽草子　**ウ** 茶の湯

エ 能（能楽）　**オ** 水墨画

2 ❶

信長に認められ，城に豪華なふすま絵や屏風絵をえがいた。

3章 近世

3

3章 近世

江戸幕府の成立

基本をチェック 10分

1 幕藩体制の成立

■**徳川氏の政権**…徳川家康が石田三成らを ❶＿＿＿＿＿の戦いで破り，**征夷大将軍**に任じられて**江戸幕府**を開いた。

> **幕藩体制**…幕府と藩が全国をおさめるしくみ。

■**大名の種類**…親藩（御三家をふくむ徳川一門の大名）。

❸＿＿＿＿＿大名（関ヶ原の戦いの前から徳川氏の家臣）。

❹＿＿＿＿＿大名（関ヶ原の戦い後に徳川氏に従った大名）。

■**大名の統制**…1615年に❺を制定。3代将軍徳川家光のとき ❻＿＿＿＿＿の制度を追加。

■**身分制度**…武士（支配身分として**名字**・**帯刀**などの特権）。

❼＿＿＿＿＿（**商人**と**職人**からなり，おもに城下町に住んだ）。

百姓（生活を統制され，重い年貢を課せられた）。

江戸幕府のしくみ

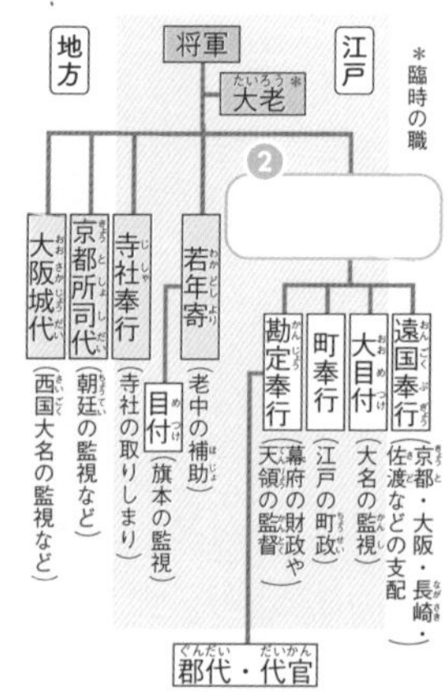

❺＿＿＿＿＿

一 武芸や学問に力を入れること。

一 大名は自分の領地と江戸に交互に住むこと。毎年4月に参勤すること。

〈1635年，部分要約〉

2 貿易の振興と鎖国

■**朱印船貿易**…貿易船に❽＿＿＿＿＿という証明書を交付。東南アジア各地に日本町が成立した。

■**キリスト教の禁止**…**重い年貢とキリシタンへの弾圧**に苦しんだ人々が，❾＿＿＿＿＿一揆をおこす。

■**4つの窓口**

> **長崎**…オランダ人と中国人に**風説書**の提出を義務づけ。

> ❿＿＿＿＿＿**藩**（長崎県）…釜山の倭館で朝鮮との貿易。

> ⓫＿＿＿＿＿**藩**（鹿児島県）…**琉球王国**を服属させた。

> **松前藩**（北海道）…アイヌ民族に不利な交易を強いた。

朱印船貿易

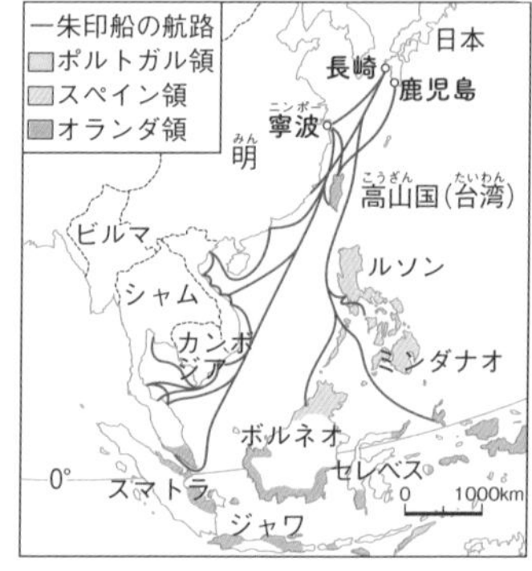

鎖国の流れ

1623年，イギリスが平戸の商館を閉鎖。 → 1624年，スペイン船の来航を禁止。 → 1635年，日本人の海外渡航，帰国を禁止。 → 1639年，⓬＿＿＿＿＿船の来航を禁止。 → 1641年，平戸のオランダ商館を長崎の⓭＿＿＿＿＿へ移した。

10点アップ！

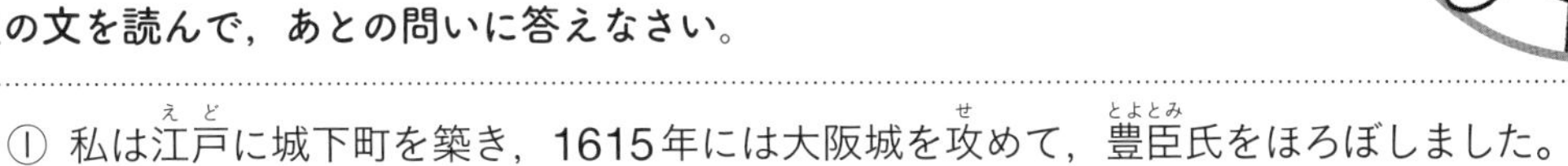

1 幕藩体制の成立と鎖国

次の文を読んで，あとの問いに答えなさい。

① 私は江戸に城下町を築き，1615年には大阪城を攻めて，豊臣氏をほろぼしました。
② 私は（ a ）を筆頭とする役職を整備し，b参勤交代の制度を設けました。
③ 私は百姓たちにかつぎだされ，c島原・天草一揆の大将として戦いました。
④ 私は，松前藩による不利な交易に不満を高め，d（　）民族を率いて戦いました。

❶ ①～④の「私」にあてはまる人物名を，次のア～カから1つずつ選びなさい。
①（　　）②（　　）③（　　）④（　　）

ア 徳川秀忠　**イ** シャクシャイン　**ウ** 天草四郎
エ 徳川家康　**オ** ワカタケル　**カ** 徳川家光

❷ ①の人物がおし進めた朱印船貿易は，おもにどの地域との貿易だったか。次のア～ウから1つ選びなさい。（　　）

ア アメリカ　**イ** ヨーロッパ　**ウ** 東南アジア

❸ ②の人物のaにあてはまる役職を，次のア～エから1つ選びなさい。
（　　）

ア 管領　**イ** 老中　**ウ** 執権　**エ** 摂政

❹ 下線部bで，大名はどのようなことを義務づけられたか。「江戸」「妻子」の語句を用いて簡単に説明しなさい。
（　　）

点UP ❺ 下線部c・dの戦いがおこった地域を，右上の地図中のア～オから1つずつ選びなさい。c（　　）d（　　）

❻ 下線部dの（　）にあてはまる民族名を答えなさい。
（　　）

ヒント

1 ❷
シャム（現在のタイ）・ルソン（現在のフィリピン）などに日本町がつくられた。

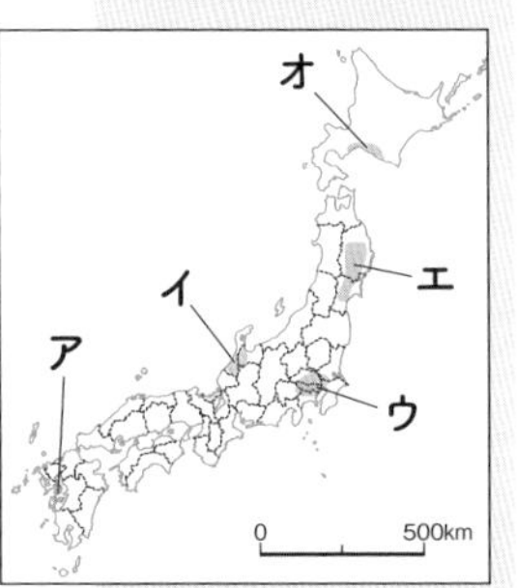

❹
大名は江戸城の警護を命じられた。

3章 近世

2 江戸時代の身分制度

右の資料を見て，次の問いに答えなさい。

総人口 約3200万人（推定値）	A 百姓 約85%	B 武士 約7	町人 約5	えた身分・ひにん身分 約1.5	公家，神官・僧侶，その他 約1.5

（関山直太郎『近世日本の人口構造』）

❶ Aの身分のうち，年貢をおさめる義務を負った人々を何というか，答えなさい。
（　　）

❷ Aの村役人の種類を1つ答えなさい。
（　　）

❸ Bの身分がもっていた特権を1つ答えなさい。
（　　）

2 ❶
自分の土地をもつ百姓と，もたない百姓の区別があった。

③章 近世

4 江戸時代の産業

別冊 p.08

I-10

基本をチェック　10分

1 産業の発達

■**農業**…幕府や藩が新田開発。農具の開発。**干鰯**や油かすなどの肥料。麻・藍・綿・紅花などの

①＿＿＿＿＿＿。

千歯こき

■**漁業**…紀伊・土佐でかつお漁，九十九里浜で②＿＿＿＿＿＿漁，蝦夷地でにしん・こんぶ漁。

■**交通**…五街道や，街道に沿った**宿場**を整備。日本海側に西廻り航路，太平洋側に東廻り航路。④＿＿＿＿＿＿**廻船**や**樽廻船**が運航。

■**都市**…江戸・大阪・京都は⑥＿＿＿＿＿＿とよばれた。

■**経済**…**問屋**・**仲買**などの商人が株仲間を結成。両替商が活動。

江戸時代の交通路と特産物

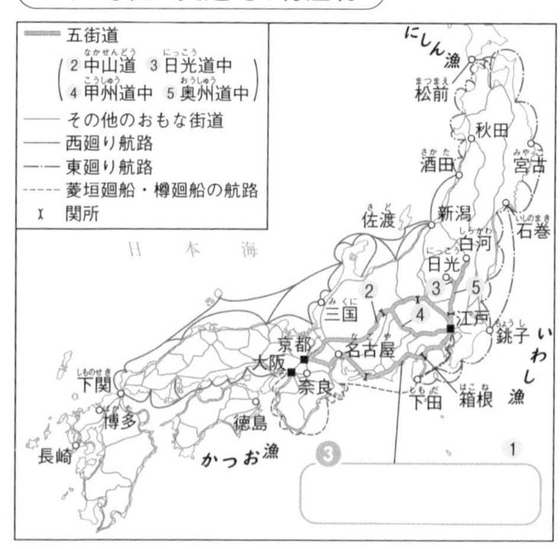

大阪の⑤＿＿＿＿＿＿

2 幕府政治の動きと社会の変化

■**徳川綱吉の政治**…⑦＿＿＿＿＿＿学を重視。生類憐みの令。

■**新井白石の政治**…長崎貿易を制限した。

■**徳川吉宗の**⑧＿＿＿＿＿＿**の改革**…⑨で裁判の基準を定める。**目安箱**で庶民の意見を聞く。**上げ米の制**。

■**社会の変化**

> 貨幣経済…**貧富の差が広がった**。

> ⑩＿＿＿＿＿＿…都市の人々が商人などをおそった。

> 百姓一揆…百姓が年貢の軽減などを訴えて行動。

⑨＿＿＿＿＿＿

一　人を殺しぬすんだ者　引き回しの上獄門

一　追いはぎをした者　獄門

〈部分要約〉

元禄文化…17世紀末～18世紀前半，大阪・京都で栄えた町人文化。

絵画	尾形光琳「燕子花図屏風」，菱川師宣「見返り美人図」
小説	井原西鶴「日本永代蔵」(浮世草子)
人形浄瑠璃	近松門左衛門「曾根崎心中」
俳諧	⑪＿＿＿＿＿＿「奥の細道」

打ちこわし

（「幕末江戸市中騒動図」）

10点アップ！ 10分

1 産業の発達

右の地図を見て，次の問いに答えなさい。

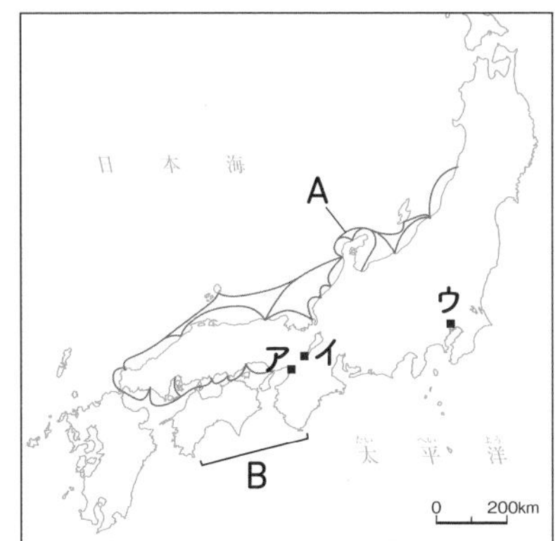

❶ 地図中のAの航路を何というか，答えなさい。
（　　　　）

❷ 地図中の**ア**～**ウ**のうち，「天下の台所」とよばれた都市を1つ選びなさい。（　　　　）

❸ 地図中の**ア**～**ウ**などの大都市では，銀行のような仕事を行う商人が栄え，大名（だいみょう）に金を貸しつける者もいた。この業者を何というか，答えなさい。
（　　　　）

❹ 大都市では，問屋（といや）・仲買（なかがい）などの商人が同業者どうしで組合をつくった。この組合を何というか，答えなさい。
（　　　　）

❺ 地図中のBの海域で行われた漁を，次の**ア**～**エ**から1つ選びなさい。
ア にしん漁　**イ** かつお漁
ウ いわし漁　**エ** こんぶ漁
（　　　　）

❻ 江戸（えど）時代に使われるようになった，右の農具を何というか，答えなさい。（　　　　）

ヒント

1 ❶
東北地方から西へ向かうのでこう呼ばれた。

3章 近世

2 幕府政治と社会・文化①

次の問いに答えなさい。

点UP ❶ 右の①・②の法令を出した将軍を，次の**ア**～**エ**から1つずつ選びなさい。

① このごろ傷ついた犬がたびたび見られるのは不届きなことである。今後，傷ついた犬がだれのしわざかわかったなら，町内全体の責任とする。
② 人を殺しぬすんだ者は，引き回しの上獄門（ごくもん）とする。

ア 徳川家康（とくがわいえやす）　**イ** 徳川吉宗（よしむね）
ウ 徳川家光（いえみつ）　**エ** 徳川綱吉（つなよし）

①（　　　　）
②（　　　　）

❷ 元禄（げんろく）文化についてまとめた次の表中の，A～Cにあてはまる人物名を答えなさい。

絵画	尾形光琳（おがたこうりん）…装飾画（そうしょくが）「燕子花図屏風（かきつばたずびょうぶ）」 A（　　　　）…浮世絵（うきよえ）「見返り美人図」
文芸	B（　　　　）…浮世草子（うきよぞうし）「世間胸算用（せけんむねざんよう）」 C（　　　　）…人形浄瑠璃（じょうるり）「曾根崎心中（そねざきしんじゅう）」 松尾芭蕉（まつおばしょう）…俳諧（はいかい）「奥の細道」

ヒント

2 ❶
① 犬を保護することを訴（うった）えている点に着目する。

❷
Bは武士や町人の生活，Cは男女の義理人情をえがいた。

3章 近世

5 幕府政治の改革

基本をチェック 10分

1 田沼の政治と寛政の改革

■❶＿＿＿＿の政治…商工業者が**株仲間**をつくることを**奨励**。長崎貿易で**俵物**(海産物)をさかんに輸出。

■松平定信の政治…**昌平坂学問所**で❷＿＿＿＿以外の儒学を禁止。**江戸に出かせぎに来ていた人々を農村へ帰す**。

松平定信の政治を風刺した狂歌

白河の　清きに魚の
住みかねて
もとのにごりの
田沼恋しき
(きびしい改革を批判し，田沼の方がましだったとしている)

2 新しい学問と文化

■❸＿＿＿＿…杉田玄白・**前野良沢**はオランダ語の人体解剖書を翻訳して『❹＿＿＿＿』を出版。伊能忠敬は全国を測量し，正確な日本地図を作成。

■国学…❺＿＿＿＿が『**古事記伝**』で日本古来の精神を明らかに。

■**教育の広がり**…庶民の子どもが❻＿＿＿＿で読み・書き・そろばんを学習。

3 幕府政治のゆきづまり

■**外国船の来航**…ロシアやアメリカの船が来航→幕府は❼＿＿＿＿を出したが，**アヘン戦争の結果を見て緩和**。

■**大塩の乱**…❾＿＿＿＿が貧しい人々を救うため，大阪で反乱をおこした。

■水野忠邦**の政治**(❿＿＿＿＿**の改革**)…物価を引き下げるため，⓫＿＿＿＿**を解散させた**。江戸に出かせぎに来ていた人々を農村へ帰した。**倹約令**を出し，風紀を乱す出版物などを取りしまった。

■**諸藩の改革**…薩摩藩(鹿児島県)，肥前藩(佐賀県)などが**専売制**で利益を上げた。

外国船の来航

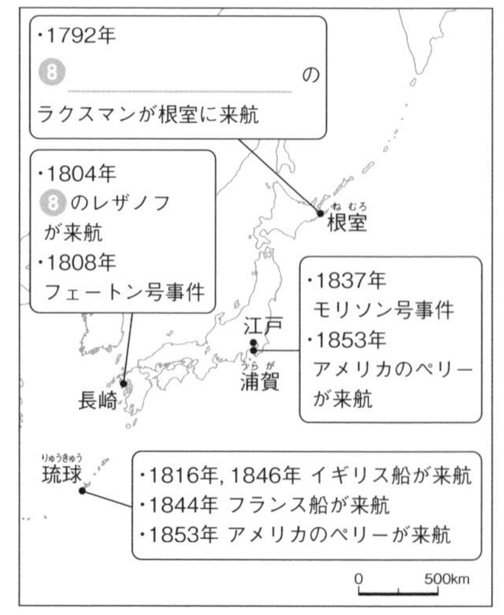

化政文化…19世紀前半，江戸の庶民を中心とする文化。

絵画	**歌川広重**「東海道五十三次」，⓬＿＿＿＿「富嶽三十六景」
小説	**曲亭(滝沢)馬琴**「南総里見八犬伝」，⓭＿＿＿＿「東海道中膝栗毛」
俳諧	**与謝蕪村，小林一茶**

10点アップ！ 10分

1 幕府政治と社会・文化②

次の文を読んで，あとの問いに答えなさい。

① 私は，商工業者の力を利用して財政を立て直そうとしました。また，長崎では海産物との交換で金や銀を輸入させました。

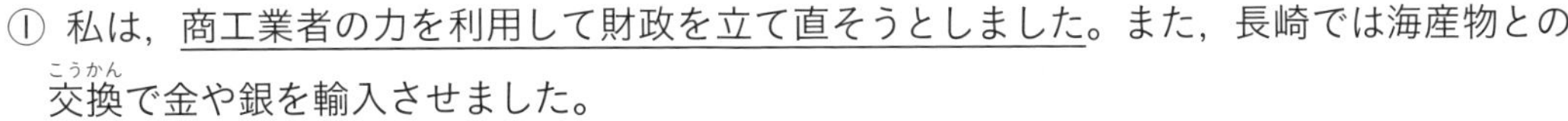

② 私は昌平坂学問所で武士に朱子学を学ばせ，人材を育成しました。しかし，出版物などの厳しい取りしまりが人々の不満を集めてしまいました。

③ 私はヨーロッパの測量術を学び，幕府の援助を受けながら全国の海岸を測量しました。

❶ ①・②の人物は，ともに何という役職についたか，答えなさい。（　　　）

❷ ①・②のうち，寛政の改革を行った人物を選び，番号とその人物名を答えなさい。　**番号**（　　　）**人物**（　　　）

点UP ❸ 下線部のために行われた政策を，「奨励」「税」の語句を用いて簡単に説明しなさい。
（　　　）

❹ ①の人物と同じころ，前野良沢とともにオランダ語の人体解剖書を翻訳して『解体新書』を出版した人物名を答えなさい。（　　　）

❺ ③の人物名を答えなさい。（　　　）

❻ ③と同じころ，長編小説の『南総里見八犬伝』をあらわした人物名を答えなさい。（　　　）

ヒント

1 ❸
商工業者は同業者組織をつくり，助け合いながら成長していた。

❺
『大日本沿海輿地全図』をつくった。

2 幕府政治のゆきづまり

右の年表を見て，次の問いに答えなさい。

年代	できごと	
1792	（　　）が根室に来航する	………… A
	↕ ア	
1804	レザノフが長崎に来航する	
	↕ イ	
1837	モリソン号事件がおこる	………… B
	↕ ウ	
1844	オランダ国王が幕府に開国をすすめる	
	↕ エ	
1853	ペリーが浦賀に来航する	

❶ 次のできごとがおこった時期を，年表中のア～エから1つずつ選びなさい。
① 異国船打払令が出された。（　　　）
② 天保の改革が行われた。（　　　）

❷ 年表中のAの（　　）にあてはまるロシア人の名を答えなさい。（　　　）

❸ 年表中のBのころ，鎖国政策を批判して幕府に処罰された人物を，1人あげなさい。（　　　）

2 ❸
蛮社の獄というできごと。

3章 近世

1 （4章）近代①

欧米の発展

☑ 基本をチェック　10分

1 欧米の市民革命と産業革命

■**18世紀のヨーロッパ**…フランスとイギリスが台頭し，国王の専制的な力によって❶＿＿＿＿が行われた。

■**イギリス**…クロムウェルの指導で❷＿＿＿＿革命。議会が国王を追放して新国王をむかえ❸＿＿＿＿を採択。**議会政治が確立**（名誉革命）。

■**アメリカ**…1775年に独立戦争を開始。翌年独立宣言。**合衆国憲法**を制定し，**ワシントン**が初代大統領となった。

■**フランス**…人権宣言を発表し，王政を廃止（❹＿＿＿＿革命）。ナポレオンは皇帝となってヨーロッパを征服。

■❼＿＿＿＿…18世紀後半のイギリスで工業中心の社会への大変革。**資本主義**が成立。

フランス革命前の身分制度

権利の章典

第1条　国王は，議会の承認なく法律を停止することはできない。

❺＿＿＿＿

われわれは，次のことを真理として認める。すべての人は平等につくられ，神によって，ゆずりわたすことができない権利をあたえられていること。

❻＿＿＿＿

第1条　人は生まれながらにして，自由で平等な権利をもつ。

〈部分要約〉

2 欧米のアジア侵略

■**アヘン戦争**…三角貿易を背景とするイギリスと清の戦争。

＞❾＿＿＿＿の乱…清で洪秀全を中心とする反乱。

■**インド大反乱**…インドを植民地化したイギリスに対する反乱。

3 19世紀の欧米

■**ロシア**…**南下政策**をとって黒海へ進出するが，**クリミア戦争**で敗北。

■**アメリカ**…貿易や奴隷制をめぐって❿＿＿＿＿。リンカン大統領の率いる北部が勝利。

■**ドイツ**…⓫＿＿＿＿首相が諸国をまとめ，**ドイツ帝国**が成立。

アメリカの北部と南部の対立

	北部	南部
経済	工業化	大農場
貿易	保護貿易	自由貿易
奴隷制	反対	賛成

19世紀の三角貿易

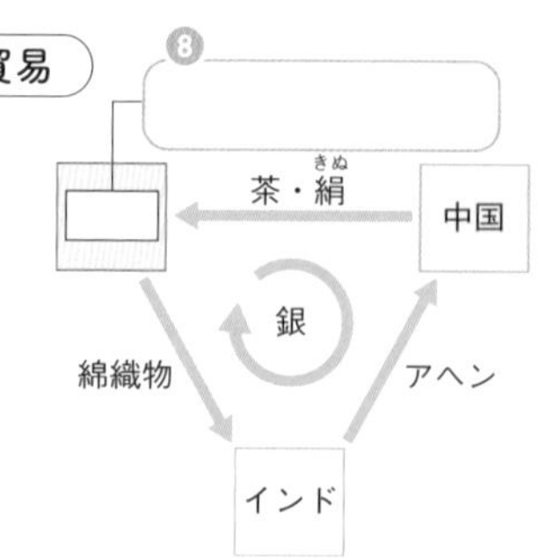

10点アップ！ 10分

1 市民革命と産業革命

次の文を読んで，あとの問いに答えなさい。

① 私は新国王としてイギリスにまねかれ，a 議会とたがいの権限を確認しました。
② 私は総司令官となって b 独立戦争をおこし，独立後は初代大統領となりました。
③ イギリスの技術者である私は，蒸気機関を改良し，c 大量生産を可能にしました。
④ 私はヨーロッパ諸国を征服（せいふく）する一方，法の下（もと）の平等や財産権を法典にまとめました。

❶ ②・④の「私」にあてはまる人物を，次の**ア**～**オ**から１つずつ選びなさい。

② (　　　　) ④ (　　　　)

ア ナポレオン　**イ** ピョートル１世　**ウ** ビスマルク
エ ワシントン　**オ** エリザベス１世

点UP ❷ 下線部a・bのときに出された宣言や章典を，右の**ア**～**ウ**から１つずつ選びなさい。

a (　　　　) b (　　　　)

ア われわれは，次のことを真理として認める。すべての人は平等につくられ，神によって，ゆずりわたすことができない権利をあたえられていること。

イ 第１条　人は生まれながらにして，自由で平等な権利をもつ。

ウ 第１条　国王は，議会の承認なく法律を停止することはできない。

❸ 下線部cが定着すると，資本家が労働者を雇（やと）い，利益をめざして生産をするしくみが生まれた。この経済のしくみを何というか，答えなさい。

(　　　　)

ヒント
1 ❸
労働者は長時間・低賃金の労働を強いられた。

2 19世紀の欧米とアジア侵略

19世紀の勢力を示した右の地図を見て，次の問いに答えなさい。

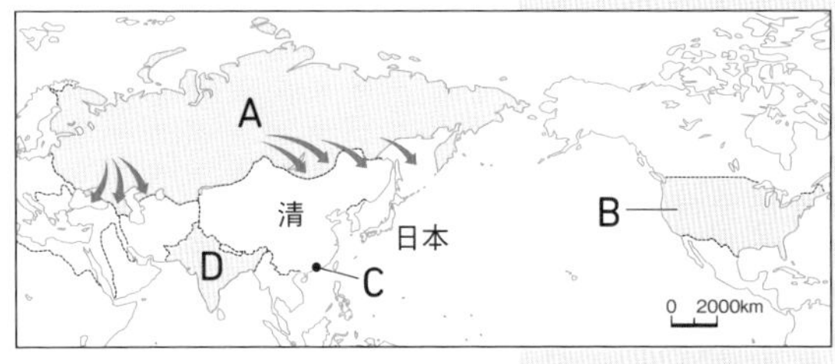

❶ →の方向へ勢力を広げようとした，地図中のAの国を何というか，答えなさい。

(　　　　)

❷ 地図中のBの国でおこった南北戦争で，北部を指導した大統領はだれか，答えなさい。

(　　　　)

❸ アヘン戦争の結果，清（しん）がイギリスにゆずった地図中のCの地域を，次の**ア**～**エ**から１つ選びなさい。

(　　　　)

ア マラッカ　**イ** 北京（ペキン）　**ウ** アユタヤ　**エ** 香港（ホンコン）

❹ 地図中のDの国で，イギリスの支配に反対しておこった大規模な反乱を何というか，答えなさい。

(　　　　)

2 ❸
20世紀に中国が社会主義国となった後も，イギリスの支配下で，資本主義のしくみを保った。

4章 近代①

2 開国と江戸幕府の滅亡

別冊 p.10

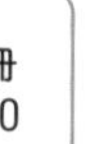

I-13

基本をチェック 10分

1 開国と不平等条約

■**アメリカ船の来航と開国**…ペリーが1853年に①＿＿＿＿＿（神奈川県）に来航し，開国要求。

＞**日米和親条約**…**下田**（静岡県）・**函館**（北海道）を開港。

＞②＿＿＿＿＿＿＿＿…函館・神奈川（③＿＿＿＿＿）・長崎・新潟・兵庫（神戸）を開港。領事裁判権（治外法権）をアメリカに認め，日本に関税自主権がない**不平等条約**。

■**開国の影響**…物価が上昇。世直し一揆や「ええじゃないか」の騒ぎが発生。

■**政治的な対立**…安政の大獄で幕府を批判する大名や武士，公家を処罰。桜田門外の変で大老の⑤＿＿＿＿＿＿＿暗殺。

ペリー来航をうたった狂歌

泰平の眠りをさます上喜撰*
たった四杯で夜も眠れず

＊当時の茶の銘柄。ペリーの「蒸気船」とかけて表現している。

開国後の日本の貿易品

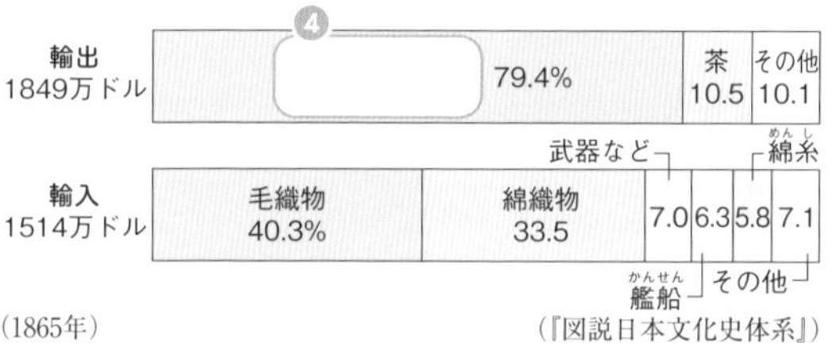

（1865年）（『図説日本文化史体系』）

不平等条約の内容

領事裁判権	日本国内での外国人の犯罪は，外国の領事がその国の法律によって裁判するという権利。
関税自主権	輸入品の関税率を決める権利。

2 江戸幕府の滅亡

■⑥＿＿＿＿＿＿＿…朝廷をおし立てて，外国の勢力を排除。

＞**薩摩藩**（鹿児島県）…**生麦事件**をおこし，⑦＿＿＿＿＿＿＿でイギリスに敗れた。

＞**長州藩**（山口県）…外国船を砲撃したため，**4か国の連合艦隊から報復**を受けた。

■**倒幕**…坂本龍馬の仲立ちで，薩摩藩と長州藩が同盟（⑧＿＿＿＿＿＿＿）。1867年，15代将軍徳川慶喜が政権を朝廷に返上（⑨）。西郷隆盛，木戸孝允，公家の**岩倉具視**らは王政復古の大号令。

■⑩＿＿＿＿＿**戦争**…旧幕府軍と新政府軍の戦いが始まり，函館で新政府軍が勝利。

徳川慶喜による⑨＿＿＿＿＿＿＿

戊辰戦争

10点アップ！ 10分

1 開国と不平等条約

次の問いに答えなさい。

❶ 資料1は，(　　　　　)に対する日本の動揺を，お茶に例えてよんだものである。(　　)にあてはまる適切なできごとを答えなさい。　(　　　　　　　　)

資料1

泰平の眠りをさます上喜撰
たった四杯で夜も眠れず

❷ 日米和親条約で，下田とともに開港された港はどこか，答えなさい。　(　　　　　　　　)

❸ 資料2は，日米修好通商条約で定められた内容である。A・Bにあてはまる権利をそれぞれ答えなさい。

A (　　　　　　)
B (　　　　　　)

資料2

A	日本国内での外国人の犯罪は，外国の領事がその国の法律によって裁判するという権利。日本はこれを外国に認めた。
B	輸入品の関税率を決める権利。日本はこれをもたなかった。

❹ 江戸幕府は，対外政策を批判した大名や武士，公家をきびしく処罰した。このできごとを何というか，答えなさい。　(　　　　　　　　)

ヒント

1 ❸
アヘン戦争で清が結ばされた不平等条約と同じような内容。

2 江戸幕府の滅亡

右の地図を見て，次の問いに答えなさい。

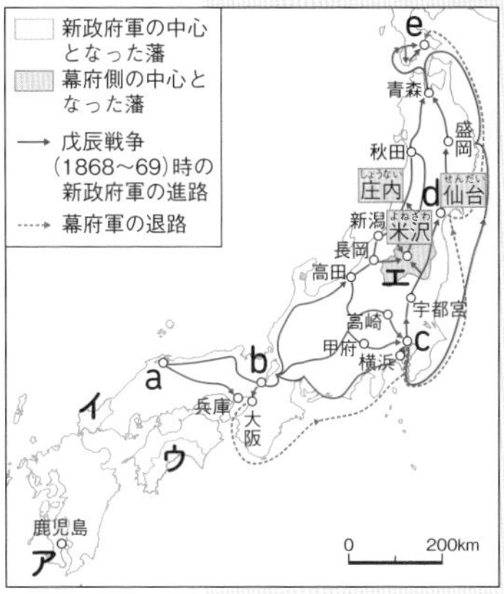

❶ 1866年に結ばれた倒幕へ向けての同盟について，次の問いに答えなさい。

① この同盟を結んだ2つの藩を，地図中のア～エから選びなさい。　(　　　　)(　　　　)

点UP ② この同盟が結ばれるまでにおこった次のア～ウのできごとを，年代の古いものから順に並べなさい。

ア 薩英戦争　　イ 生麦事件
ウ 4か国艦隊による下関砲台占領　(　　→　　→　　)

新政府軍の中心となった藩
幕府側の中心となった藩
→ 戊辰戦争(1868～69)時の新政府軍の進路
⋯→ 幕府軍の退路
e 青森 秋田 盛岡 庄内 d 仙台 新潟 米沢 長岡 高田 エ 宇都宮 高崎 c 甲府 横浜 b a 兵庫 大阪 イ ウ 鹿児島 ア 0 200km

❷ 15代将軍の徳川慶喜が大政奉還を行うと，朝廷は幕府を廃止して天皇を中心とする新政府を樹立する宣言を発した。この宣言を何というか，答えなさい。　(　　　　　　　　)

❸ 地図中の──→と⋯⋯→は，戊辰戦争の新政府軍の進路と旧幕府軍の退路を示している。この戦争が①始まった場所と②終わった場所を，地図中のa～eから1つずつ選びなさい。

① (　　　　) ② (　　　　)

2 ❶
② 攘夷の動きに対して，外国から報復を受けた。

❸
鳥羽・伏見の戦いで始まり，五稜郭の戦いで終わった。

4章 近代❶

明治維新

別冊 p.11
I-14

基本をチェック

10分

1 新政府の成立

■中央集権国家…版籍奉還で大名は土地と人民を天皇へ返上。
❷＿＿＿＿＿で藩を廃止して府県をおき，府知事や県令（県知事）を任命。

■身分制度の廃止…大名と公家を華族，武士を士族，百姓・町人を❸＿＿＿＿とした。

■兵制…❹＿＿＿＿＿で満20歳になった男子に兵役。

■学制…6歳以上の男女は小学校に通う。

■税制…財源を安定させるため❺＿＿＿＿＿を実施。

■殖産興業…富岡製糸場（群馬県）などの官営模範工場。

❶＿＿＿＿＿
一　広ク会議ヲ興シ万機公論ニ決スベシ
一　上下心ヲ一ニシテ盛ニ経綸ヲ行ウベシ
一　官武一途庶民ニ至ル迄，各其志ヲ遂ゲ，人心ヲシテ倦マザラシメンコトヲ要ス
一　旧来ノ陋習ヲ破リ，天地ノ公道ニ基クベシ
一　智識ヲ世界ニ求メ，大ニ皇基ヲ振起スベシ

地租改正の内容

課税対象	土地所有者
課税基準	地価
税率	地価の3％（のち2.5％に引き下げ）
納税方法	現金

2 文明開化と国際関係

■文明開化…欧米の文化や生活様式を取り入れる動き。

■学問…❻＿＿＿＿＿の『学問のすゝめ』。中江兆民の人権思想。

■明治初期の外交
> 岩倉使節団…条約改正の予備交渉と海外視察が目的。
> 中国（清）…日清修好条規で正式に国交を結んだ。
> 朝鮮…征韓論→江華島事件→日朝修好条規を結んだ。
> ロシア…❼＿＿＿＿＿＿条約を結んだ。

岩倉使節団

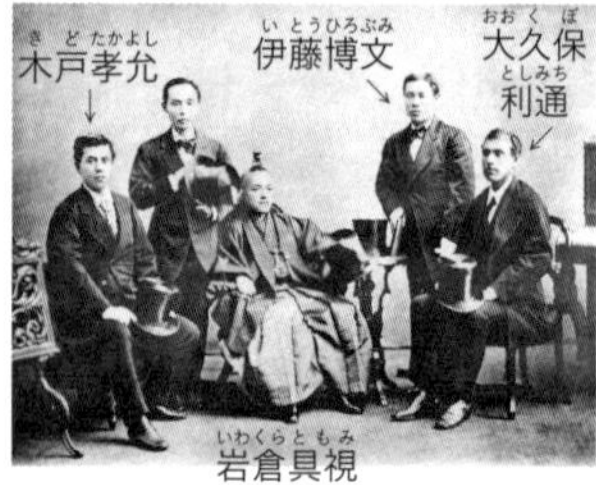

3 立憲制国家の成立

■政党の結成…自由民権運動→国会開設の勅諭→板垣退助が❽＿＿＿＿＿を，大隈重信が立憲改進党を結成。

■大日本帝国憲法…伊藤博文が草案。主権者は❾＿＿＿＿。

自由民権運動と立憲制国家の成立

1874年，板垣退助らの民撰議院設立の建白書。 → 1880年，❿＿＿＿＿＿の結成。 → 1881年，国会開設の勅諭。 → 1885年，内閣制度の創設。 → 1889年，大日本帝国憲法の発布。 → 1890年，第1回⓫＿＿＿＿＿。

10点アップ！

1 新政府の成立と国際関係

次の問いに答えなさい。

❶明治政府の改革について，次の文のうち下線部が正しいものには○を，誤っているものには正しい語句を答えなさい。

①（　　　　　）②（　　　　　）
③（　　　　　）④（　　　　　）

① 廃藩置県によって，大名に土地と人民を天皇へ返させた。
② 大名と公家は皇族という身分にまとめられた。
③ 学制により，6歳以上の男女が小学校に通うこととされた。
④ 群馬県には，官営の富岡製糸場がつくられた。

❷資料1のaにあてはまる数字，bにあてはまる語句をそれぞれ答えなさい。

a（　　　　）b（　　　　）

❸資料2中のA～Cの国々との間に結ばれた条約を，次のア～エから1つずつ選びなさい。

A（　　　　）B（　　　　）C（　　　　）

ア 日朝修好条規　イ 日米和親条約
ウ 樺太・千島交換条約　エ 日清修好条規

ヒント

1 ❶
① 中央集権化は2段階で行われた。
④ 建物は現存し，世界文化遺産に登録されている。
❷
農民にとっては江戸時代と変わらない負担が続き，各地で反対一揆がおこった。

資料1　地租改正の内容

課税対象	土地所有者
課税基準	地価
税率	地価の（ a ）%（のち2.5%に引き下げ）
納税方法	（ b ）

資料2　明治初期の国境

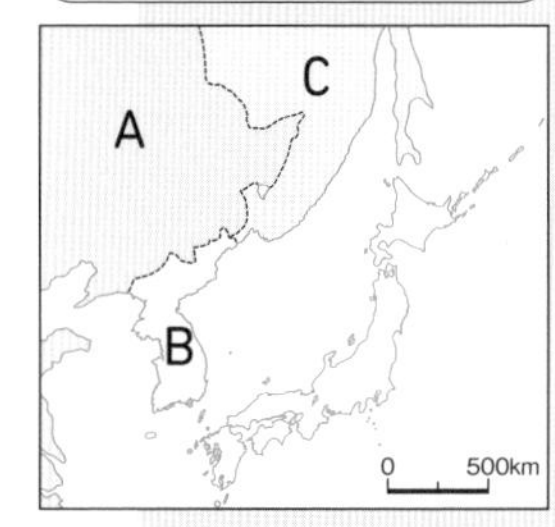

2 立憲制国家の成立

右の年表を見て，次の問いに答えなさい。

❶年表中のAの（　　）にあてはまる，国会開設を求める建白書を何というか，答えなさい。

（　　　　　　の建白書）

❷年表中のBの戦争をおこした人々の身分を答えなさい。（　　　　　）

❸年表中のCの政党の党首，Dで初代内閣総理大臣となった人物名をそれぞれ答えなさい。

C（　　　　）D（　　　　）

点UP ❹年表中のEは，ドイツなどの憲法を参考にしてつくられた。ドイツと日本の憲法に共通する特色を，簡単に説明しなさい。

（　　　　　　　　　　　　　　　　　　）

年代	できごと
1874	（　　）の建白書が提出される …… A
1877	西南戦争がおこる …………………… B
1882	立憲改進党が結成される ………… C
1885	内閣制度が創設される …………… D
1889	大日本帝国憲法が発布される …… E

2 ❷
戦いを職業としてきた身分。江戸時代までは武士だった。
❹
天皇は外国と条約を結ぶ，軍隊を統率するなどの権限をもった。

4章 近代❶

4

4章 近代①

日清・日露戦争と近代の産業

別冊 p.12

I-15

基本をチェック

10分

1 日清戦争

■**条約改正**…**ノルマントン号事件**で世論が高まる。

❷＿＿＿＿＿の交渉で**領事裁判権**(**治外法権**)**が撤廃**され，小村寿太郎の交渉で**関税自主権を回復**。

■日清戦争…1894年，朝鮮で**甲午農民戦争**。日本と清が開戦→日本が勝利。

■**下関条約**…清は**巨額の賠償金**を日本へ支払い，遼東半島，❸＿＿＿＿＿，澎湖諸島を日本にゆずった。

■❹＿＿＿＿＿…**ロシア**などが**遼東半島を清に返還**するよう勧告。

条約改正の歩み

年代	政策
1882～87	井上馨の❶＿＿＿＿＿政策
1888～89	大隈重信による交渉
1891	青木周蔵がイギリスと交渉
1894	❷が領事裁判権撤廃
1911	小村寿太郎が関税自主権を回復

日清・日露戦争の比較

	日清戦争	日露戦争
兵力(日本)	24.1万人	108.9万人
戦死者(日本)	1.3万人	8.4万人
戦費(日本)	2.0億円	17.5億円
賠償金	3.1億円	0円

2 日露戦争

■義和団事件…ロシアなどが軍を送って清での騒乱をしずめた。

■❺＿＿＿＿＿…ロシアの**南下政策を警戒するイギリスと利害が一致**。

■日露戦争…1904年に日本とロシアが開戦。

■**ポーツマス条約**…ロシアは❼＿＿＿＿＿**の南半分を日本にゆずった**。**賠償金は得られなかった**。

■韓国併合…日本は韓国を植民地とした。

■辛亥革命…孫文を臨時大総統とする❽＿＿＿＿＿が成立。

❻＿＿＿＿＿の詩

「君死にたまふことなかれ」

あゝをとうとよ君を泣く
君死にたまふことなかれ
末に生れし君なれば
親のなさけはまさりしも
親は刃をにぎらせて
人を殺せとをしへしや
人を殺して死ねよとて
二十四までをそだてしや

3 産業革命と近代文化

■**産業革命**…**綿織物**などの**軽工業**に始まり，❾＿＿＿＿＿の開業により重工業が発展。

■**社会問題**…**足尾銅山鉱毒事件**が発生し，田中正造が解決に努力した。

明治時代の文化

文学	坪内逍遙『小説神髄』 森鷗外『舞姫』 夏目漱石『吾輩は猫である』 島崎藤村『若菜集』 ❿＿＿＿＿＿『一握の砂』
美術	黒田清輝「湖畔」 横山大観「無我」 岡倉天心
自然科学	北里柴三郎…破傷風の血清療法 志賀潔…赤痢菌を発見 野口英世…黄熱病を研究 長岡半太郎…原子模型の研究

10点アップ！ 10分

1 日清・日露戦争

右の表を見て，次の問いに答えなさい。

❶ 表中の①は日清戦争の，②は日露戦争の講和条約である。あてはまる条約名をそれぞれ答えなさい。

①（　　　　　　）
②（　　　　　　）

❷ 表中の下線部aで1894年におこった，日清戦争のきっかけとなった反乱を何というか，答えなさい。（　　　　　　）

❸ 表中の下線部bのうち，三国干渉で清に返還した地域を1つ選びなさい。（　　　　　　）

点UP ❹ 表中の下線部cについて，中国でその後おこった次のア～ウのできごとのうち，2番めにおこったものを選びなさい。（　　　　　　）

ア 中華民国の成立　イ 義和団事件　ウ 辛亥革命

❺ 表中のdにあてはまる地名を答えなさい。（　　　　　　）

❻ ①の前年，日英通商航海条約が結ばれて領事裁判権が撤廃された。イギリスが日本との条約改正に応じたのは，何という国の南下政策に対抗するためか，答えなさい。（　　　　　　）

①	・清は a朝鮮の独立を認める。 ・b遼東半島，台湾，澎湖諸島を日本にゆずる。 ・c清は巨額の賠償金を日本へ支払う。
②	・ロシアは韓国に対する日本の優越権を認める。 ・（ d ）の南半分を日本にゆずる。 ・旅順・大連，満州の鉄道の一部を日本のものとする。

ヒント

1 ❹ 日清戦争後の清では，外国人排斥の運動が高まった。

2 産業革命と近代文化

次の問いに答えなさい。

❶ 右の表中の①～④にあてはまる文化の分野を，次のア～エから1つずつ選びなさい。

①（　　　　）②（　　　　）
③（　　　　）④（　　　　）

ア 自然科学　イ 音楽
ウ 美術　エ 文学

❷ 表中の（　　）にあてはまる人物名を答えなさい。（　　　　　　）

❸ 足尾銅山鉱毒事件の被害者を救済するために活動した人物を，次のア～ウから1つ選びなさい。（　　　　　　）

ア 田中正造　イ 高野長英　ウ 大塩平八郎

①	・森鷗外『舞姫』 ・夏目漱石『吾輩は猫である』
②	・（　　）…破傷風の血清療法 ・志賀潔…赤痢菌を発見 ・野口英世…黄熱病を研究
③	・黒田清輝「湖畔」 ・横山大観「無我」
④	・滝廉太郎『荒城の月』

2 ❸ 国会議員を辞職して，被害者の救済を天皇に直訴した。

4章 近代❶

1 5章 近代②・現代
第一次世界大戦と大正デモクラシー

解答 別冊p.13　さくっとマルつけ I-16

基本をチェック　10分

1 第一次世界大戦の始まり

■**第一次世界大戦の始まり**…1914年，サラエボ事件をきっかけに開戦。

> **日本…日英同盟を理由に連合国側**に立って参戦。中国に❷＿＿＿＿の要求を出した。

> **ロシア**…❸＿＿＿＿革命がおこり，**ソビエト社会主義共和国連邦（ソ連）**が成立。

第一次世界大戦前の国際関係

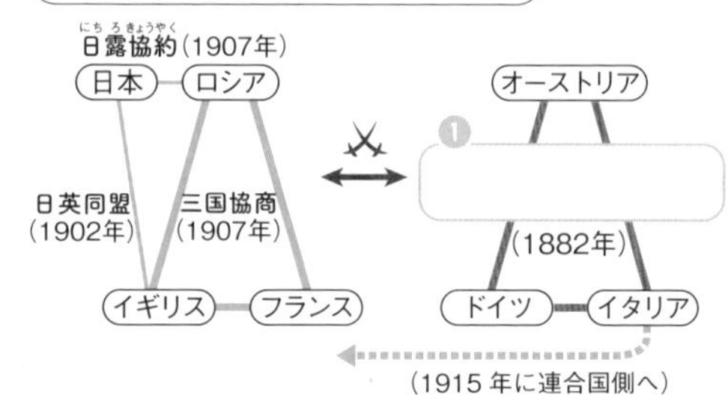

2 戦後の国際協調

■**第一次世界大戦の終結**…連合国側の勝利に終わり，1919年に❹＿＿＿＿講和会議が開かれた。

> ベルサイユ条約…ドイツは**全植民地と一部領土を失い，多額の賠償金**を課せられた。

> **国際連盟**…アメリカ大統領❺＿＿＿＿の提案で1920年に設立。

■民族自決…**朝鮮**で三・一独立運動。**中国**で❻＿＿＿＿運動。**インド**でガンディーが**非暴力・不服従**をかかげ，イギリスからの独立運動。

■❼＿＿＿＿会議…**日本は二十一か条の要求で得た利権を放棄**。

演説するレーニン

3 大正デモクラシーと近代文化

■**第一次世界大戦中の日本**…**大戦景気**で物価上昇→米騒動。

■大正デモクラシー…護憲運動→**立憲政友会**の総裁である❽＿＿＿＿が初の本格的な政党内閣→1925年，**満25歳以上の男子**に選挙権をあたえる普通選挙法。社会主義を取りしまる❾＿＿＿＿を制定。

■**大正時代のころの文化**…**ラジオ放送**が開始された。

日本の貿易額の変化

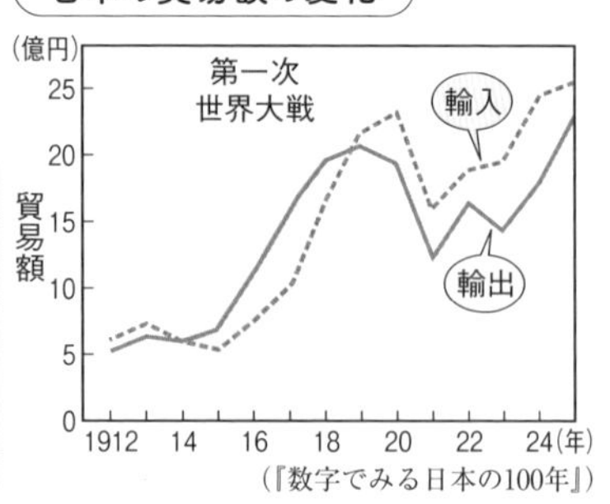

（『数字でみる日本の100年』）

近代の社会運動

被差別部落	❿＿＿＿＿を結成
農民	小作争議が多発　日本農民組合を結成
労働者	労働争議が多発　初のメーデーを開催
女性	平塚らいてうが青鞜社や新婦人協会を設立
アイヌ民族	北海道アイヌ協会を結成

10点アップ！ 10分

1 第一次世界大戦と国際協調

右の図を見て，次の問いに答えなさい。

❶ 図中のA・Bの（　　）は，それぞれのつながりの中心となった国である。あてはまる国名をそれぞれ答えなさい。

A（　　　　　　）B（　　　　　　）

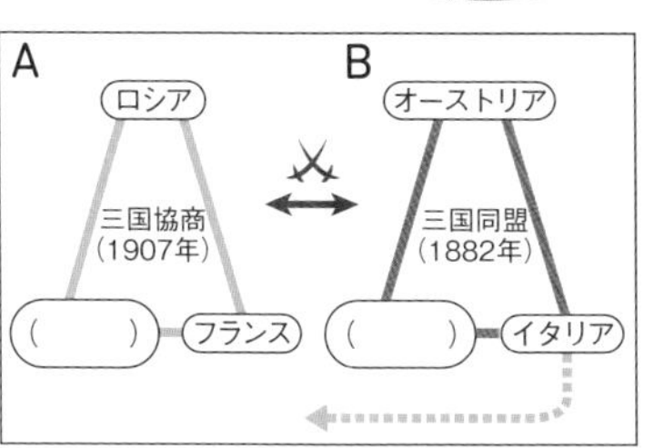

❷ 第一次世界大戦において，日本は図中のA・Bいずれのつながりの側についたか，記号を答えなさい。（　　　）

❸ 第一次世界大戦の終結後，Bの（　　）の国に対して結ばれた講和条約を何というか，答えなさい。（　　　　　　）

❹ 次の国・地域で，第一次世界大戦後におこった民族運動を，右のア〜ウから1つずつ選びなさい。

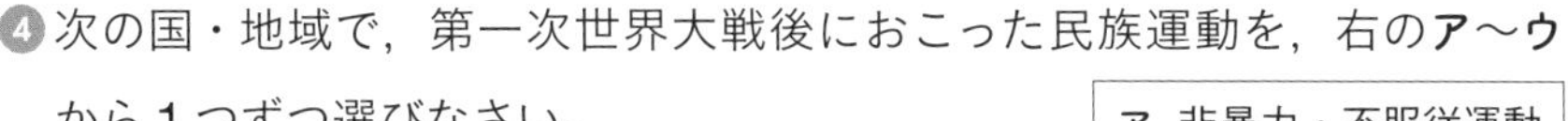

ア 非暴力・不服従運動
イ 五・四運動
ウ 三・一独立運動

① 中国　② 朝鮮
③ インド

①（　　　）②（　　　）③（　　　）

ヒント

1 ❷
1904年に日本との間で戦争がおこった国は，第一次世界大戦では同じ側で戦った。

❹
中国と朝鮮でおこった民族運動は，始まった日付から名づけられている。

2 大正デモクラシー

次の文を読んで，あとの問いに答えなさい。

① 私は，1918年に初の本格的な a 政党内閣をつくりました。
② 私は労働者の生活を『蟹工船』という小説にえがきました。
③ 私は b 男性の普通選挙を実現するとともに，治安維持法を制定しました。
④ 私は藩閥出身であることを批判され，c 護憲運動の高まりの中で辞職しました。

点UP ❶ ①〜④にあてはまる人物を，次のア〜カから1つずつ選びなさい。

①（　　　）②（　　　）③（　　　）④（　　　）

ア 加藤高明　イ 芥川龍之介　ウ 大隈重信
エ 原敬　オ 桂太郎　カ 小林多喜二

❷ 下線部aの政党内閣とはどのような内閣か，簡単に説明しなさい。

（　　　　　　　　　　　　　　　　）

❸ 下線部bで選挙権をあたえられたのは，満何歳以上の男性か，答えなさい。

（満　　　　歳以上）

❹ 下線部a〜cのうち，米騒動がおこったときに時期が最も近いものを1つ選びなさい。（　　　）

2 ❷
衆議院の第一党から首相が選出された。

❸
納税額による制限が廃止された。

❹
米騒動の責任をとって，寺内内閣が辞職し，次に原内閣が発足した。

5章 近代②・現代

5章 近代②・現代

2 世界恐慌と日本の中国侵略

解答 別冊 p.13

さくっとマルつけ I-17

基本をチェック 10分

1 世界恐慌とその影響

■アメリカから広まった恐慌…1929年，ニューヨークで株価が大暴落し，❶＿＿＿＿＿＿となった。

① アメリカ…ローズベルト大統領が❷＿＿＿＿＿＿政策。

② イギリス・フランス…ブロック経済。

③ ❸＿＿＿＿＿…スターリンの独裁体制の下，五か年計画。

■ファシズム…イタリアでムッソリーニの率いるファシスト党，ドイツで❹＿＿＿＿＿＿の率いるナチスが政権に。

各国の鉱工業生産指数

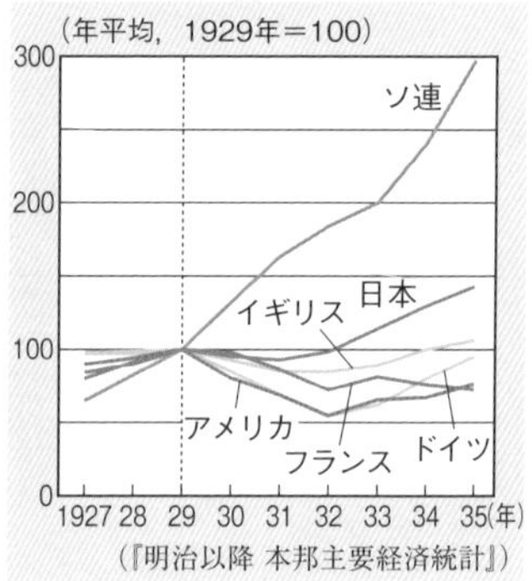

(『明治以降 本邦主要経済統計』)

2 日本の中国侵略

■経済の混乱…金融恐慌→昭和恐慌。労働争議や小作争議。

■外交…ロンドン海軍軍縮条約が軍人などの反発をまねいた。

■❺＿＿＿＿＿＿…1931年，日本の関東軍が中国東北部の南満州鉄道を爆破(柳条湖事件)。日本軍が❻を建国。

■満州からの撤退を勧告した国際連盟を脱退。

■軍部の台頭…❼＿＿＿＿＿＿事件で犬養毅首相暗殺。
二・二六事件で軍部の発言力が強まった。

■❽＿＿＿＿＿＿…1937年，北京郊外で日本軍と中国軍が衝突(盧溝橋事件)。中国国民党(国民政府)と中国共産党が共闘。

1930年代の東アジア

■戦時体制…法律❿で国民や物資を戦争に動員。政党は解散し，戦争協力のための組織として❾＿＿＿＿＿＿。植民地の朝鮮や台湾で，創氏改名などの皇民化政策。

リットン調査団の報告書

1931年9月18日の日本軍の軍事行動を正当な自衛手段とは認められない。…これらの理由から，現在の満州国の政権は純粋かつ自発的な独立運動の結果成立したものとは考えることはできない。

❿＿＿＿＿＿＿

第1条　この法律で国家総動員というのは，戦争時において，国防の目的の達成のために，国のあらゆる力を最も有効に発揮できるよう人的・物的資源を統制し，運用することをいう。

第4条　政府は戦争時において国家総動員の必要があるときは，勅令の定めによって国民を徴用し，総動員法業務に従わせることができる。

10点アップ！ 10分

1 世界恐慌とその影響

右の年表を見て，次の問いに答えなさい。

❶ 年表中のA・Cがおこった国では，ファシズムが台頭した。それぞれにあてはまる国名を答えなさい。

A（　　　　）
C（　　　　）

年代	できごと
1922	ムッソリーニが政権をとる …………… A
1929	世界恐慌がおこる ……………………… B
1933	ヒトラーが政権をとる ………………… C
1939	イギリス・フランスがドイツに宣戦

❷ 年表中のBのころ，（ ① ）の指導の下「五か年計画」をおし進めていた国は，世界恐慌の影響を受けなかった。また，Cと同じ年，アメリカ大統領（ ② ）がニューディール政策を始めた。①・②にあてはまる人物名を，次のア～オから1つずつ選びなさい。

①（　　　　）②（　　　　）

ア ウィルソン　**イ** ローズベルト　**ウ** ワシントン
エ スターリン　**オ** リンカン

❸ 年表中の下線部の国々は，世界恐慌に対して，本国と植民地間の貿易を拡大し，外国の商品には高い関税をかける政策をとった。この政策を何というか，答えなさい。（　　　　）

ヒント

1 ❸
自由貿易を制限し，限られた経済圏での結びつきを強めた。この結果，植民地をもたない国々は不満を強めた。

2 日本の中国侵略

右の地図を見て，次の問いに答えなさい。

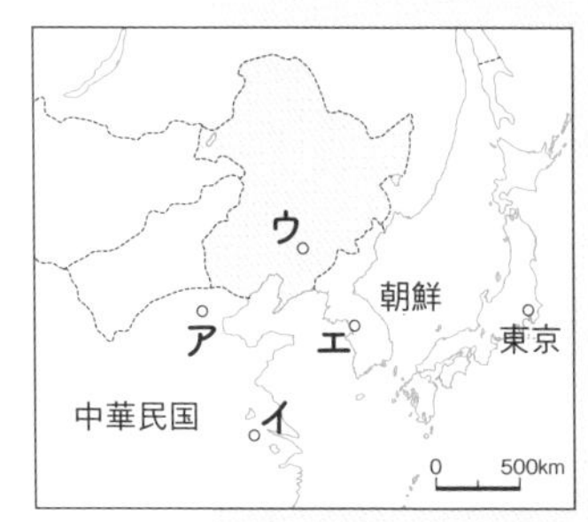

❶ 日本軍が地図中の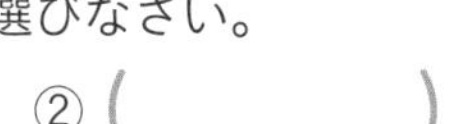に建国したが，国際的には認められなかった国の名を答えなさい。（　　　　）

点UP ❷ ①満州事変，②日中戦争が始まるきっかけとなった事件がおこった場所を，地図中のア～エから1つずつ選びなさい。

①（　　　　）②（　　　　）

❸ 地図中の東京の中心部が，約1400人の兵士によって占拠されたできごとを何というか，答えなさい。（　　　　）

❹ 地図中の中華民国との戦争が長期化する中で制定された法律を，次のア～ウから1つ選びなさい。（　　　　）

ア 治安維持法　**イ** 国家総動員法　**ウ** 普通選挙法

❺ 地図中の朝鮮などで行われた，日本語の使用や創氏改名を強制する政策を何というか，答えなさい。（　　　　）

2 ❶
清の最後の皇帝である溥儀を元首とした国。
❹
国民や物資を優先して戦争に動員することができるようになった。

第二次世界大戦

別冊 p.14

I-18

1 第二次世界大戦の始まり

第二次世界大戦中のヨーロッパ

1939年末のドイツ・イタリア領
大戦中のドイツ・イタリアの占領地
1941年までにドイツ・イタリア側についた国
降伏後のフランスの勢力圏
中立諸国

■**ドイツの侵略**…1939年にソ連と❶＿＿＿＿条約を結び，**ポーランドへ侵攻→❷＿＿＿＿とフランスがドイツに宣戦。**

■**第二次世界大戦の戦線の拡大**…ドイツはパリを占領。**条約を破ってソ連へ侵攻。ユダヤ人を迫害。**レジスタンス（抵抗運動）がおこる。

■**連合国と枢軸国**

> 枢軸国…ドイツ・イタリアは日本と日独伊三国同盟。

> 連合国…アメリカとイギリスが❸＿＿＿＿憲章を発表。

■**日本の南進**…❹＿＿＿＿領インドシナ北部へ侵攻。日ソ中立条約を結んで北方の安全を確保。インドシナ南部にも侵攻。**アメリカは石油の対日輸出を禁止。**1941年12月8日，日本軍がハワイ❺＿＿＿＿湾にある**アメリカ軍基地を奇襲し，**❻＿＿＿＿戦争**の開戦。**

2 戦時下の暮らし

■❼＿＿＿＿…中学生・女学生も軍需工場で労働。

■学徒出陣…一部の大学生が兵士として戦場に。

■❽＿＿＿＿…都市の小学生を地方へ移す。

3 戦争の終結

都道府県別の空襲などによる死者

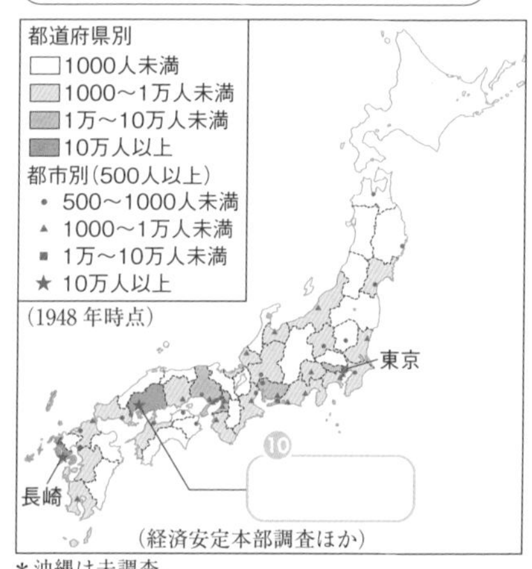

＊沖縄は未調査。

■**戦局の悪化**…**ミッドウェー海戦**の敗北。**サイパン島**がアメリカ軍によって占領され，**空襲**が激化。

日本の降伏にいたる流れ

2月，米・英・ソによる**ヤルタ会談。** ➡ 3月，**東京大空襲。** ➡ 3月，アメリカ軍が❾＿＿＿＿に上陸して地上戦。 ➡ 8月6日，**広島**に原子爆弾投下。8日にソ連軍が千島・樺太などに侵攻。9日⓫＿＿＿＿に原子爆弾投下。 ➡ 8月15日，ポツダム宣言の受諾を発表。

10点アップ！ 10分

1 第二次世界大戦の始まり

右の地図を見て，次の問いに答えなさい。

❶地図中のドイツ・イタリアを中心とする陣営を何というか，答えなさい。

( )

❷次の各文にあてはまる国を，地図中の**ア**～**オ**から1つずつ選びなさい。

① 1939年にドイツと不可侵条約を結んだ。

② 1940年に首都を占領され，ドイツに降伏した。

①( ) ②( )

❸ヨーロッパ各地でおこった，ドイツに対する抵抗運動をカタカナで何というか，答えなさい。

( )

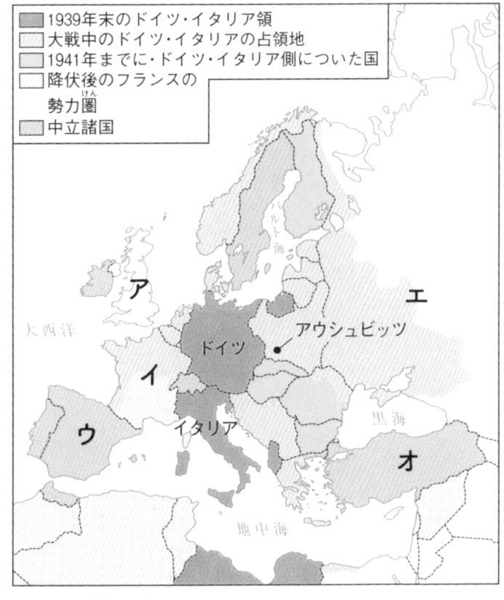

❹地図中のアウシュビッツをはじめとする収容所で虐殺された民族を何というか，答えなさい。

( )

ヒント

1 ❹

ドイツ民族の優秀さを主張するナチスにより弾圧された。

2 戦時下の暮らしと終戦

右の年表を見て，次の問いに答えなさい。

点UP ❶年表中の※に共通してあてはまる地域を，次の**ア**～**エ**から1つ選びなさい。

ア 台湾　**イ** シベリア

ウ 樺太　**エ** インドシナ

( )

年代	日本のできごと
1940	(※)北部へ侵攻する 日独伊三国同盟が結ばれる
1941	( )が結ばれる ……………… A (※)南部へ侵攻する アメリカが経済封鎖を実施 …… B 太平洋戦争が始まる
	↕C
1945	( )宣言を受け入れる ……… D

❷年表中のAの( )は，日本が北方の安全を確保するために結ばれた条約である。あてはまる条約名を答えなさい。

( )

❸年表中のBでは，日本に対して具体的にどのような政策が実施されたか，貿易面から簡単に説明しなさい。

( )

❹年表中のCの時期に実施された戦時体制を，次の**ア**～**ウ**から1つ選びなさい。

( )

ア 大政翼賛会の発足　**イ** 国家総動員法の制定　**ウ** 学徒出陣

❺年表中のDの( )にあてはまる語句を答えなさい。

( )

2 ❷

1945年にはこの条約を破ってソ連が樺太や千島に侵攻した。

❹

戦力の不足をおぎなうための政策である。

4 第二次世界大戦後の日本

別冊 p.15

I-19

基本をチェック 10分

1 占領下の日本

■**連合国軍の占領**…マッカーサーを最高司令官とする❶＿＿＿＿＿＿＿＿（GHQ）が進駐。

＞農地改革…**地主**の土地を政府が買い上げ，**小作人**に安く売り渡し，**自作農**を増やした。

＞❷＿＿＿＿＿＿…戦争を支えていた三井・三菱などの財閥を解体させた。

＞政治の民主化…**満20歳以上の男女**に選挙権。❸＿＿＿＿＿＿（**国民主権・基本的人権の尊重・平和主義**）

■国際連合（国連）…1945年に発足した国際平和を守るための組織。

■❹＿＿＿＿＿＿…**アメリカ**中心の**資本主義国**と**ソ連**中心の**社会主義国**が対立。

■**アジア諸国**…❺＿＿＿＿＿＿と**朝鮮民主主義人民共和国**（**北朝鮮**），**中華人民共和国**が成立。アジア・アフリカ会議を開催。

2 国際社会への復帰

■❻＿＿＿＿＿＿戦争…1950年，北朝鮮が韓国に侵攻。日本で**警察予備隊**が発足。→のちに自衛隊。**特需景気**。

日本の国際社会への復帰

年月	ことがら
1951.9	❼平和条約の締結
1952.6	日本が国連加盟を申請
.9	日本の加盟申請を否決
1956.10	❽の調印
.12	日本の国連加盟を可決

■❼＿＿＿＿＿＿平和条約…1951年，**吉田茂首相**が48か国と調印。同時にアメリカと日米安全保障条約を結んだ。

■**国連への加盟**…1956年にソ連と❽＿＿＿＿＿＿に調印。同年，**日本は国連へ加盟**。

3 国民生活と日本の外交

■高度経済成長…1950年代後半から1973年まで。**池田勇人**首相が**所得倍増政策**。1973年，**第四次中東戦争**をきっかけに❾＿＿＿＿＿＿（オイル・ショック）。

■**外交の変化**…1965年に韓国と日韓基本条約，1972年に中国と❿＿＿＿＿＿＿。

サンフランシスコ平和条約

第1条
(a) 日本国と各連合国との間の戦争状態は…この条約が日本国と当該連合国との間に効力を生ずる日に終了する。
(b) 連合国は，日本国及びその領水（領海）に対する日本国民の完全な主権を承認する。

〈部分要約〉

日米安全保障条約

第6条 日本国の安全に寄与し，並びに極東における国際の平和および安全の維持に寄与するため，アメリカはその陸軍，空軍および海軍が日本国において施設および区域を使用することを許される。

10点アップ！ 10分

1 占領下の日本

右の年表を見て，次の問いに答えなさい。

年代	できごと
1945	GHQの民主化政策が始まる …… A
1946	日本国憲法が公布される ……… B
1949	東西ドイツが成立する ………… C
1955	アジア・（　　）会議が開かれる … D

❶ 年表中のAで，GHQの最高司令官の名を答えなさい。（　　　）

点UP ❷ 年表中のAで実施された，地主(じぬし)の土地を政府が買い上げ，小作人(こさくにん)に安く売り渡(わた)した政策を何というか，答えなさい。（　　　）

❸ 年表中のBの三大原理は，基本的人権の尊重，平和主義ともう１つは何か，答えなさい。（　　　）

❹ 年表中のCと同じ年，毛沢東(もうたくとう/マオツォトン)が建国した国の名を，次のア～エから１つ選びなさい。（　　　）

ア 朝鮮(ちょうせん)民主主義人民共和国　**イ** 大韓民国(だいかんみんこく)
ウ 大韓帝国(だいかんていこく)　**エ** 中華(ちゅうか)人民共和国

❺ 年表中のDの（　　）にあてはまる地域名を答えなさい。（　　　）

ヒント

1 ❷
農村の民主化のための改革。多くの自作農(じさくのう)が生まれた。

❹
蔣介石(しょうかいせき(チャンチェシー))の国民政府は台湾(たいわん)へ移った。

2 国際社会への復帰と国民生活

右の表を見て，次の問いに答えなさい。

首相	政策
（ A ）	サンフランシスコ平和条約を結ぶ
鳩山一郎(はとやまいちろう)	ソ連との国交を回復する ……… B
岸信介(きしのぶすけ)	（ C ）を改定する
池田勇人(いけだはやと)	所得倍増政策を打ち出す ……… D
田中角栄(たなかかくえい)	中国との国交を回復する
佐藤栄作(さとうえいさく)	（ E ）の復帰を実現する

❶ 表中のAにあてはまる首相(しゅしょう)名を答えなさい。（　　　）

❷ 表中のBによって，日本は（　　）への加盟をはたし，国際社会に復帰することができた。（　　）にあてはまる適切な語句を答えなさい。（　　　）

❸ 表中のCは，Aの首相のときアメリカとの間に調印された条約である。あてはまる条約名を答えなさい。（　　　）

❹ 表中のDのころの国民生活について**誤って説明したもの**を，次の**ア～エ**から１つ選びなさい。（　　　）

ア 電化製品が普及(ふきゅう)した。　**イ** 公害問題が深刻化した。
ウ ラジオ放送が始まった。　**エ** 農村で過疎化(かそか)が進んだ。

❺ 表中のEは，戦後アメリカに占領(せんりょう)されていた地域である。あてはまる地域名を答えなさい。（　　　）

2 ❷
ソ連は安全保障理事会の常任理事国だった。

❹
重化学工業が発達し，大量生産・大量消費の時代となった。

5 5章 近代②・現代

これからの日本

解答 別冊 p.15

さくっとマルつけ I-20

基本をチェック

10分

1 国際関係の変化

■**冷戦下の世界**…キューバ危機，ベトナム戦争。東ヨーロッパで1950～60年代に民主化を求める動き。西ヨーロッパではヨーロッパ共同体(EC)。ソ連の❶＿＿＿＿＿侵攻。

■**冷戦の終結**……ソ連の❷＿＿＿＿＿がペレストロイカという改革→東ヨーロッパで民主化→1989年❸＿＿＿＿＿の壁が崩壊→冷戦終結を宣言→東西❹＿＿＿＿＿が統一→ソ連崩壊。

ベルリンの壁開放を喜ぶ人々

2 冷戦後の国際社会

■**地域紛争の激化**…湾岸戦争，ユーゴスラビア紛争。

■アメリカ❺＿＿＿＿＿テロ…2001年，ニューヨークなどにテロリストの攻撃。アメリカはアフガニスタンを攻撃し，2003年にはイラク戦争を開始し，フセイン政権を打倒。

■**中国の動き**…天安門事件で民主化運動を弾圧。

3 これからの日本

■**戦後日本の文化**…テレビ放送の開始。川端康成や大江健三郎がノーベル文学賞を受賞。黒澤明が『羅生門』などの映画を監督。

■**日本社会の変化**

> ❻＿＿＿＿＿経済…1990年代初めに崩壊。
> 55年体制…1993年に非自民連立政権が成立して崩壊。
> ❼＿＿＿＿＿大震災…1995年。
> 東日本大震災…2011年，津波による大きな被害。

■**地球環境問題**…地球温暖化の解決のため，二酸化炭素の排出量の削減目標を，❽＿＿＿＿＿議定書やパリ協定に定めた。

日本経済の歩み

年	ことがら	
1950	朝鮮戦争の勃発	
1960	国民所得倍増計画の発表	高度経済成長
1968	GNPが資本主義国2位に	
1973	第一次石油危機	
1979	第二次石油危機	
1991	バブル経済の崩壊	
2008	世界金融危機	

株価と地価の変化

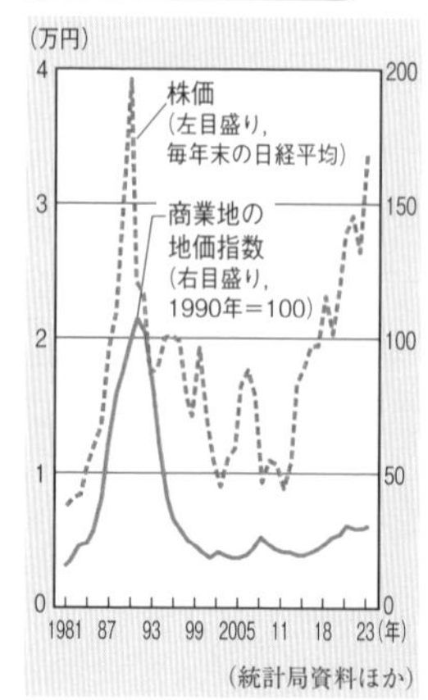

10点アップ！ 10分

1 国際関係の変化

右の年表を見て，次の問いに答えなさい。

年代	できごと
1962	キューバ危機がおこる ……………… A
	↕ ア
1967	(　　)が成立する ………………… B
	↕ イ
1973	石油危機がおこる
	↕ ウ
1979	ソ連がアフガニスタンに侵攻(しんこう)する
	↕ エ
1989	ベルリンの壁(かべ)が崩壊(ほうかい)する ………… C
	↕ オ
2001	アメリカ同時多発テロがおこる …… D

❶ 年表中のAのとき，キューバにミサイル基地を建設した国の国名を答えなさい。

(　　　　　)

❷ 年表中のBの(　　)は，のちにEUへと発展した。(　　)にあてはまるアルファベット２字を答えなさい。

(　　　　　)

❸ 年表中のCは1961年に建設された障壁(しょうへき)である。どのような目的で建設されたものか，簡単に説明しなさい。

(　　　　　　　　　　　　　　　　　　　　　)

点UP ❹ ソ連が解体した時期を，年表中の**ア～オ**から１つ選びなさい。

(　　　　)

❺ 年表中のDの後，アメリカはアフガニスタンを攻撃(こうげき)し，さらに西アジアの国を攻撃して戦争を開始した。この戦争を何というか，答えなさい。

(　　　　　　)

ヒント

1 ❶
アメリカとの間で冷戦の状態にあった。

❸
この障壁があった都市は，東部は東ドイツ，西部は西ドイツの管轄(かんかつ)下(か)にあった。

2 冷戦後の世界と日本

右の表を見て，次の問いに答えなさい。

文化人	業績
(①)	映画『羅生門(らしょうもん)』が国際的な映画祭で受賞(A 1951年)
(②)	漫画(まんが)『鉄腕(てつわん)アトム』がアニメーション化(B 1963年)
(③)	ノーベル文学賞を受賞(C 1968年)
大江(おおえ)健三郎(けんざぶろう)	ノーベル文学賞を受賞(D 1994年)

❶ 表中の①～③にあてはまる人物を，次の**ア～オ**から１つずつ選びなさい。

① (　　　　) ② (　　　　) ③ (　　　　)

ア 滝廉太郎(たきれんたろう)　**イ** 川端康成(かわばたやすなり)
ウ 手塚治虫(てづかおさむ)　**エ** 森鷗外(もりおうがい)　**オ** 黒澤明(くろさわあきら)

❷ 表中の下線部A～Bの期間に日本で普及(ふきゅう)し始めたマスメディアを，次の**ア～ウ**から１つ選びなさい。 (　　　　)

ア ラジオ　**イ** テレビ　**ウ** インターネット

点UP ❸ 表中の下線部C～Dの期間に**おこったできごとではないもの**を，次の**ア～エ**から１つ選びなさい。 (　　　　)

ア 55年体制の終結　**イ** バブル経済の崩壊
ウ 東日本大震災(だいしんさい)　**エ** PKO協力法の制定

2 ❷
白黒放送からカラー放送へと発展していった。

重要用語のまとめ

1章　原始・古代

□ 打製石器	旧石器時代の人類が使っていた，石を打ち割ってつくった石器。
□ 甲骨文字	中国の殷で使われた，亀の甲や牛の骨に刻まれた文字。
□ 孔子	春秋・戦国時代の中国で儒学（儒教）を説いた思想家。
□ 貝塚	縄文時代の人々が，骨や貝殻などを捨てたごみ捨て場。
□ 高床倉庫	稲をねずみや湿気から守るくふうをした弥生時代の倉庫。
□ 前方後円墳	3世紀後半ごろからつくられた，方形と円形を組み合わせた古墳。
□ 十七条の憲法	聖徳太子が仏教や儒学の考えを取り入れて定めた，役人の心構え。
□ 大化の改新	中大兄皇子らが645年から始めた政治の改革。
□ 墾田永年私財法	743年に制定された，新たな開墾地の永久私有を認めた法令。
□ 聖武天皇	国ごとに国分寺・国分尼寺を，都には東大寺を建てることを命じた天皇。
□ 源氏物語	紫式部がかな文字を用いて著した長編小説。

2章　中世

□ 院政	天皇の位を退いた白河上皇が，御所である院で行った政治。
□ 御成敗式目（貞永式目）	1232年に北条泰時が定めた最初の武家法。
□ フビライ＝ハン	中国の国号を元とし，九州北部へ軍を送った皇帝。
□ 建武の新政	後醍醐天皇が行った公家（貴族）中心の政治。
□ 勘合	明との貿易で正式の貿易船に発行された合い札。
□ 下剋上	戦国時代に広まった，身分が下の者が上の者をたおす風潮。

3章　近世

□ ルネサンス（文芸復興）	古代ギリシャやローマの文化を復興させた新しい文化の動き。
□ ルター	免罪符を販売したローマ教皇を批判し，宗教改革を始めた人物。
□ コロンブス	ヨーロッパから大西洋を西へ進み，アメリカ大陸の島に到着した人物。
□ フランシスコ＝ザビエル	1549年，日本にキリスト教を初めて伝えた宣教師。
□ 楽市・楽座	織田信長が市の税を免除し，商人たちに自由な営業を認めた法令。
□ 太閤検地	豊臣秀吉が全国の田畑の面積や土地のよしあし，生産量を調べた調査。
□ 千利休	わび茶を完成させ，茶の湯を茶道へと高めた人物。
□ 外様大名	関ヶ原の戦いのころから徳川氏に仕えた大名。
□ 島原・天草一揆	重い年貢とキリスト教弾圧に抵抗して，1637年に人々がおこした一揆。
□ 田沼意次	株仲間の奨励，長崎貿易の拡大などで財政の立て直しを図った老中。
□ 享保の改革	8代将軍徳川吉宗が行った，財政立て直しをおもな目的とする改革。
□ 松平定信	農村の立て直しを柱とする寛政の改革を行った老中。
□ 蘭学	オランダ語を通して西洋の文物を学んだ学問。

□ 異国船打払令	1825年に発せられた，接近する外国船を追い払うよう命じた法令。
□ 株仲間	江戸時代の都市で商人がつくった同業者の組織。

4章　近代①

□ フランス革命	1789年にフランスで始まり，人権宣言を発表した革命。
□ 産業革命	18世紀のイギリスで始まった，近代的な工業の成立による社会の変化。
□ アヘン戦争	1840年にイギリスと清の間でおこった戦争。
□ リンカン（リンカーン）	アメリカの南北戦争で北部を率いた大統領。
□ ペリー	1853年に浦賀に来航したアメリカの使節。
□ 日米修好通商条約	1858年にアメリカと結んだ不平等条約。
□ 薩長同盟	倒幕へ方針を固めた薩摩藩と長州藩が結んだ同盟。
□ 大政奉還	15代将軍徳川慶喜が政権を朝廷に返したできごと。
□ 廃藩置県	中央集権のため，藩を廃止し府県を置いた改革。
□ 地租改正	地価を定め，その一定割合の税を土地所有者に現金で納めさせた改革。
□ 自由民権運動	板垣退助らが始めた，国会の開設と国民の政治参加を求める運動。
□ 伊藤博文	内閣制度の創設とともに，初代内閣総理大臣となった人物。
□ 大日本帝国憲法	1889年に発布された，天皇を主権者とする憲法。
□ 関税自主権	小村寿太郎が1911年に回復させた，貿易上の権利。
□ 三国干渉	ロシアなどが下関条約の内容を一部取り消すよう日本に求めたできごと。
□ ポーツマス条約	1905年に結ばれた日露戦争の講和条約。
□ 原敬	1918年に初の本格的な政党内閣をつくった首相。

5章　近代②・現代

□ ニューディール政策	アメリカのローズベルト大統領が行った恐慌対策。
□ 満州事変	1931年に軍事行動を始めた日本軍が満州の大部分を占領したできごと。
□ 国家総動員法	資源と国民を，議会の承認なしで戦争に動員できるようにした法律。
□ 日独伊三国同盟	日本・ドイツ・イタリアが1940年に結んだ軍事同盟。
□ ポツダム宣言	1945年に連合国が日本に無条件降伏をうながした共同宣言。
□ 農地改革	政府が地主の農地を買い上げ，小作人に安く売り渡した改革。
□ 朝鮮戦争	韓国と北朝鮮の間で1950年に始まった戦争。
□ サンフランシスコ平和条約	1951年に日本が連合国との間に結んだ講和条約。
□ 石油危機	1973年，中東戦争による原油価格の高騰が引き起こした経済の混乱。
□ ベルリンの壁	東西ベルリンの間に建てられ，1989年に崩された障壁。

□ 執筆協力　菊地聡
□ 編集協力　㈱カルチャー・プロ　小南路子　三尾正子
□ 本文デザイン　細山田デザイン事務所（細山田光宣　南 彩乃　室田 潤）
□ 本文イラスト　ユア
□ DTP　㈱明友社
□ 図版作成　㈱明友社
□ 写真提供　神戸市立博物館／Photo：Kobe City Museum/DNPartcom　国立国会図書館　正倉院　東京国立博物館／Image：TNM Image Archives　東大寺　日本銀行貨幣博物館　まりーな/PIXTA　山口県文書館　ColBase（https://colbase.nich.go.jp/）

シグマベスト
定期テスト
超直前でも平均＋10点ワーク
中学歴史

編　者　文英堂編集部
発行者　益井英郎
印刷所　株式会社加藤文明社
発行所　株式会社文英堂
〒601-8121　京都市南区上鳥羽大物町28
〒162-0832　東京都新宿区岩戸町17
(代表)03-3269-4231

●落丁・乱丁はおとりかえします。

Σ BEST シグマベスト

定期テスト超直前でも平均+10点ワーク

【解答と解説】

中学歴史

文英堂

1章

原始・古代

①人類の出現，文明と宗教のおこり

基本をチェック

①猿人　②旧石器
③青銅器　④孔子
⑤秦　⑥ポリス
⑦イエス　⑧イスラム
⑨メソポタミア　⑩ナイル
⑪モヘンジョ＝ダロ
⑫甲骨

10点アップ！

1 ①A…ア　B…イ　②打製石器
2 ①ウ
②資料1…イ　資料2…ア　資料3…エ
③民主
④国名…**ローマ帝国**　宗教…③
⑤①D　②E　③C

解説

1 ①人類は**猿人**→**原人**→**新人**の順に進化した。
②打製石器は，動物の狩り，木の実の採集などに用いられた。打製石器がおもな道具だった時代を**旧石器時代**という。
2 ①**ア**はエジプト文明，**イ**はメソポタミア文明，**エ**は中国文明。
②**資料1** 楔形文字は粘土板などに刻まれた。ハンムラビ法典は石碑に刻まれている。

ミス注意！
甲骨文字は漢字の原型となった。象形文字・楔形文字はアルファベットにつながる文字。

③ギリシャの**都市国家（ポリス）**での政治の説明。アテネでは成人男子の市民全員が参加する民会が開かれていた。
④Bは地中海に面した都市国家のローマ。紀元前3世紀にイタリア半島を統一し，紀元前1世紀には地中海一帯を支配する帝国となった。ローマ帝国に支配されていたパレスチナでおこった**キリスト教**は，最初は迫害を受けていたが，しだいに信仰が広まり各地に教会がつくられ，4世紀末には皇帝に国教として認められた。
⑤① 商業都市として栄えたアラビア半島西部のメッカである。**ムハンマド**が誕生した地で，現在も**イスラム教**にとって最高の聖地とされている。
② **シャカ**はインド北部で生まれた。**仏教**はインドから中国や朝鮮，日本，東南アジアへ広がった。

②日本の成り立ちと大陸との交流

基本をチェック

①打製　②縄文
③貝塚　④三内丸山
⑤吉野ヶ里　⑥石包丁
⑦銅鐸　⑧鉄器
⑨豪族　⑩須恵
⑪奴国　⑫卑弥呼

10点アップ！

1 ①ウ　②エ　③a
④例 ねずみや湿気から稲を守るため。
⑤邪馬台国
2 ①①前方後円墳　②大和
③埴輪　④渡来人
②大王　③ワカタケル（大王）

解説

1 ①岩宿遺跡は群馬県南部にある。

❷青森県の三内丸山遺跡では，大型のたて穴住居，掘立柱建物などの跡が発掘された。
❸稲作は九州北部に伝わり，東へ広がっていった。
❹水田の周辺は湿気が多いため，稲が湿らないよう床を高くつくった。
❺資料は『三国志』魏書（魏志倭人伝）で，邪馬台国が魏に朝貢するようすが記されている。邪馬台国の卑弥呼は魏に使いを送り，銅鏡や金印を授けられた。

2 ❶円墳と方墳を組み合わせた形の古墳。円墳の部分に棺がおさめられている。
①前方後円墳は奈良県に多く分布することから，奈良県を中心に強大な国が成立していたことがわかる。
②大和政権は，5世紀には九州から東北地方南部にいたる広い地域を支配した。
③**埴輪**から，古墳時代の人々の服装や生活のようすが読み取れる。
④**渡来人**は農業や機織りの技術を進歩させた。

❷稲荷山古墳（埼玉県）などで出土した5世紀の鉄剣に，「ワカタケル大王」と刻まれていることなどから，大和政権の王が，**大王**と名のっていたことがわかる。
❸ワカタケル大王は，中国の歴史書である『宋書』倭国伝に見られる「武」と同じ人物だと考えられている。武は朝鮮半島北部にあった高句麗に対抗するため，中国の皇帝に手紙を送った。稲荷山古墳の鉄剣には，この地方の豪族がワカタケル大王に役人として仕えていたことが書かれている。

ミス注意！
卑弥呼のころの中国は魏・呉・蜀の三国時代，ワカタケル大王のころの中国は南北朝時代。

❸律令国家の形成

✔基本をチェック

❶冠位十二階　❷遣隋使
❸天皇　❹飛鳥
❺中大兄皇子　❻公地
❼天武　❽大宝律令
❾平城京　❿墾田永年私財法
⓫租　⓬聖武
⓭正倉院

10点アップ！

1 ❶ウ　❷聖徳太子［厩戸皇子］
❸法隆寺　❹中臣鎌足
❺壬申の乱　❻律

2 ❶遣唐使　❷和同開珎
❸東大寺
❹ 例 **口分田の不足を解消するため。［開墾を奨励するため。］**

解説

1 ❶朝鮮半島南西部にあった百済から，6世紀半ばに仏教が日本に伝えられた。高句麗や新羅と対立していた百済は，大和政権とのつながりを強めていた。
❷6世紀末，女帝の**推古天皇**が即位すると，おいの**聖徳太子**が摂政となった。摂政は天皇が女性であったり幼かったりするとき，政治を助ける官職である。
❸金堂や五重塔は，現存する世界最古の木造建築である。
❹中大兄皇子が中臣鎌足と協力して，独裁的な政治を行っていた蘇我氏をたおした。その後，中臣鎌足は藤原の姓をあたえられた。
❺天智天皇（中大兄皇子）の死後に皇位をめぐる争いがおこり，天智天皇の弟である大海人皇子が勝利し，天武天皇となった。

ミス注意！

中大兄皇子…大化の改新を実施（のち天智天皇）

大海人皇子…中大兄皇子の弟（のち天武天皇）

大友皇子…中大兄皇子の子（壬申の乱で敗れる）

❻令は政治の決まりを定めたものである。大宝律令は中国の唐の律令にならってつくられた。

2-❶唐招提寺や正倉院が見られることから，710年につくられた**平城京**だとわかる。遣唐使は7世紀前半に始まり，9世紀まで十数回派遣された。

❷武蔵国秩父（埼玉県）で銅を産したのを機に，708年に和同開珎という銅銭が発行された。

❸聖武天皇は，仏教の力によって国家の平安を実現しようとした。

❹人口が増えて口分田が不足してきたため，**墾田永年私財法**を出し，開墾した土地はいつまでも私有してよいこととした。

❹貴族の政治

✔基本をチェック

❶**平安京** ❷**坂上田村麻呂**
❸**最澄** ❹**真言宗**
❺**延暦寺** ❻**関白**
❼**源氏物語** ❽**寝殿造**
❾**平等院鳳凰堂** ❿**唐**

10点アップ！

1-❶**桓武天皇** ❷**征夷大将軍**

❸**ア** ❹**エ**

❺時期…**ア** 寺院…**金剛峯寺**

2-❶人物…**藤原道長** 位…**摂政**

❷文化…**国風文化**

①**紀貫之** ②**清少納言** ③**紫式部**

解説

1-❶貴族や僧の勢力争いがはげしくなったため，桓武天皇は新しい都で政治を立て直そうとした。

❷蝦夷平定のための軍の総司令官である。蝦夷は東北地方で，古くから狩り・採集などによる生活を続けていた。

❸唐は国内の反乱などで9世紀には急速におとろえ，遣唐使の回数も減っていた。

❹**ア**は殷でつくられた文字，**イ**はエジプト文明で発明された暦，**ウ**は古墳時代の土器。日本から僧や商人が宋に渡り，交流がさかんに行われた。

❺桓武天皇の政治が行われていたころ，**最澄**と**空海**が唐から帰国して新しい仏教を伝えた。

ミス注意！

最澄…天台宗（比叡山延暦寺〈滋賀県〉）

空海…真言宗（高野山金剛峯寺〈和歌山県〉）

2-❶資料の歌は，「この世はもう私のものとなった。まるで欠けているところのない満月のように」という意味。藤原氏は娘を天皇のきさきとし，生まれた子を次の天皇として，**摂政・関白**をはじめとする朝廷の高い地位を一族で占めるようになった。

❷①～③のいずれの作品も，**かな文字**を使って書かれた。漢字をくずしたり，一部を取り出したりしたかな文字の登場で，人々は考えや感情を自由に表現できるようになった。

2章
中世

①武士の台頭

基本をチェック

❶平氏　❷平将門
❸白河　❹平治
❺宋　❻壇ノ浦
❼守護　❽奉公
❾六波羅探題　❿承久の乱
⓫定期市　⓬平家物語
⓭一遍

10点アップ！

1 ①b　②A…藤原純友　B…保元
③イ　④ア
2 ①地頭　②東大寺南大門
③例 東日本だけでなく，西日本にも勢力をのばした。
④北条泰時　⑤ウ　⑥イ

解説

1 ①源氏は東日本，平氏は西日本に勢力を広げた。
②A 藤原純友が瀬戸内海地方で周辺の武士を率いて反乱をおこした。
B 兄弟である上皇と天皇が対立し，保元の乱がおこった。
③1086年，白河天皇は，位を退いて上皇となった後も，その御所である院で政治を行った。この政治を**院政**という。
④源頼朝が弟の義経をつかわして，1185年に平氏を壇ノ浦（山口県）に追いつめてほろぼした。
2 ①地頭は荘園や公領の管理や年貢の取り立てにあたるとともに，領内の人々の反抗をおさえた。
②東大寺南大門は源平の戦いで焼失したが，宋の建築様式を取り入れて再建された。
③後鳥羽上皇が朝廷の力を取り戻そうとして1221年に**承久の乱**をおこした。鎌倉幕府はこれをしずめ，朝廷に味方した武士などの領地を取り上げ，手がらのあった御家人を新たな地頭に任命した。
④3代執権の北条泰時は，裁判の基準や武士のしきたりを**御成敗式目（貞永式目）**にわかりやすくまとめた。
⑤一遍は各地を旅しながら，踊り念仏を広めた。アは日蓮，イは最澄や空海，エは栄西や道元が重んじた。
⑥3代将軍源実朝が暗殺されたのは1219年。この後，頼朝の妻だった北条政子が政治を取り仕切った。

②モンゴルの襲来と民衆の成長

基本をチェック

❶フビライ＝ハン　❷北条時宗
❸徳政令　❹建武の新政
❺守護大名　❻足利義満
❼管領　❽琉球王国
❾倭寇　❿土倉
⓫惣　⓬足利義政
⓭分国法　⓮書院

10点アップ！

1 ①エ　②イ
③ア，エ　④朝鮮国［朝鮮］
⑤勘合
2 ①戦乱…応仁の乱　風潮…下剋上
②書院造
③商工業者…町衆　組合名…座
④ウ

解説

1-❶元軍が九州北部に襲来した**文永の役**，**弘安の役**の２度のできごとを，合わせて**元寇**という。

❷将軍に忠誠をちかった武士である。元寇は外国との戦いだったため，戦った御家人は恩賞を得られなかった。また，領地が分割して相続されたこともあって，御家人の生活は苦しくなっていた。そこで幕府は，御家人が失った土地をただで取り戻させようとした。

❸**イ**は8代執権，**ウ**は承久の乱をおこした上皇，**オ**は前九年合戦と後三年合戦で活躍した武士。

ミス注意！

1333年　鎌倉幕府の滅亡
〈後醍醐天皇の建武の新政〉
1336年　足利尊氏が北朝を立てる
〈後醍醐天皇が吉野へ移る〉
1338年　足利尊氏が京都に幕府を開く

❺明から発行され，正式な貿易船にあたえられた証明書である。**倭寇と区別する**ために使われた。

2-❶Aは室町幕府のあった京都。**応仁の乱**は11年続き，京都は焼け野原となった。応仁の乱の後，将軍の力は急速におとろえ，各地の戦国大名が争う戦国時代となった。

❷書院造は江戸時代の武家住宅の基となった建築様式で，書画や生け花が飾られた。

❸京都のほか，Bの博多，Cの堺でも自治が行われた。有力な商工業者である町衆は，守護大名から都市の自治権を買い取り，自治を行った。

❹Dは加賀国（石川県南部）で1488年に始まった，一向宗（浄土真宗）を信仰する人々による一揆である。守護大名をたおしてから，100年近く自治を続けた。

3章

近世

❶ヨーロッパ人の来航

基本をチェック

❶十字軍　❷エルサレム
❸ルネサンス　❹イエズス
❺バスコ＝ダ＝ガマ　❻マゼラン
❼ポルトガル
❽フランシスコ＝ザビエル　❾南蛮

10点アップ！

1-❶ローマ教皇［ローマ法王］
❷コロンブス　❸宗教改革
❹プロテスタント　❺①ウ　②イ

2-❶イ　❷例 貿易による利益を得るため。
❸スペイン　❹ウ

解説

1-❶ローマにあった教会の長を，**ローマ教皇**（**法王**）とよんだ。ヨーロッパ西部の国々は，教皇と協力しながら，支配を強めていった。

❷イタリア出身の**コロンブス**は，スペインの援助を受けてアジアへの航路の開拓に乗り出した。実際に到達したのは北アメリカのカリブ海の島であったが，コロンブスはそこをインドだと信じた。

ミス注意！

3名の航海者はいずれも大西洋へ出航
・コロンブス…西へ
・バスコ＝ダ＝ガマ…南東へ
・マゼラン…南西へ

❸教皇が資金集めのために免罪符を販売すると，**ルター**は「聖書のみが信仰のよりどころである」として教会の改革を主張

した。

❹宗教改革をきっかけにカトリック教会から独立した人々を，**プロテスタント**とよんだ。

❺① 14世紀のイタリアで，古代ギリシャ・ローマの文化を復興させようとする動きがおこった。これが**ルネサンス**（**文芸復興**）の始まりである。

② イスラム教勢力のセルジューク朝の支配下にあった聖地エルサレムを取り戻すため，1096年に十字軍遠征が始められた。

2-❶1543年，ポルトガル人を乗せた中国船が**種子島**（鹿児島県）に流れ着き，**鉄砲**が伝えられた。まもなく種子島から近畿地方をはじめとする各地に，鉄砲づくりの技術が伝えられた。

❷こうした大名をキリシタン大名という。大名は信仰上の理由のほか，領内に南蛮船をむかえ入れて貿易の利益を得る，鉄砲を輸入するなどの目的で信者となった。

❸16世紀後半には，スペイン船も日本に来るようになった。ポルトガル人やスペイン人を南蛮人とよび，彼らとの貿易を**南蛮貿易**といった。

②織田・豊臣の全国統一

✔基本をチェック

❶長篠　❷一向
❸安土　❹堺
❺楽市　❻明智光秀
❼キリスト　❽兵農分離
❾刀狩　❿千利休

10点アップ！

1-❶①今川　②武田

❷商工業　❸記号…ア　城…大阪城

❹太閤検地　❺a…秀吉　b…追放

2-❶エ　❷①ウ　②ア

解説

1-❶① **織田信長**は尾張の小さな戦国大名だったが，東海地方を支配する今川義元を1560年の**桶狭間の戦い**で破って勢力をのばした。

② 1575年，信長は鉄砲を有効に使った戦法で武田勝頼を**長篠の戦い**で破った。

❷公家や寺社の保護を受けていた商工業者の座の特権をうばい，市場の税を免除して商人をまねき入れ，商工業を活発にさせた。

❸**豊臣秀吉**は，一向宗の本拠地だった石山本願寺の跡地に**大阪城**を築いた。**イ**は安土城である。

❹土地の調査で，見こまれる米の収穫量を石高で表し，それに応じた年貢を百姓におさめさせることとした。百姓は耕作の権利を認められたが，そのかわり，土地を勝手に離れることができなくなった。

❺キリスト教の拡大を警戒した秀吉は，1587年に宣教師の国外追放を命じた。これを**バテレン追放令**という。

⚠ミス注意！

信長と秀吉の宗教政策
・信長…仏教を弾圧，キリスト教を保護
・秀吉…キリスト教を保護，のち弾圧

2-❶**狩野永徳**のえがいた『唐獅子図屏風』である。力強く豪華な絵で，戦国大名の気風を表している。**ア**は室町時代に水墨画をえがいた。**イ**は鎌倉時代に『金剛力士像』をつくった。**ウ**は鎌倉時代に禅宗を広めた。

❷① **千利休**は信長や秀吉に仕え，質素と静かさを重んじるわび茶を完成させた。

② **出雲の阿国**が京都で始めたかぶき踊りは，庶民の人気を集め，のちの歌舞伎のもととなった。

③江戸幕府の成立

✔基本をチェック

❶関ヶ原　❷老中
❸譜代　❹外様
❺武家諸法度　❻参勤交代
❼町人　❽朱印状
❾島原・天草　❿対馬
⓫薩摩　⓬ポルトガル
⓭出島

10点アップ！

1 ❶①エ　②カ
③ウ　④イ
❷ウ　❸イ
❹例 1年おきに江戸に滞在し，妻子は江戸に住まわされた。
❺c…ア　d…オ
❻アイヌ

2 ❶本百姓
❷庄屋[名主・組頭・百姓代]
❸名字[帯刀]

解説

1 ❶① **徳川家康**は2度にわたる大阪の陣で豊臣氏をほろぼし，徳川氏による支配を確立した。

② **参勤交代**は，3代将軍**徳川家光**のときに制度化された。

③ **島原・天草一揆**では，15歳の少年の**天草四郎**が，大将としてかつぎ出された。

④ シャクシャインは松前藩のだまし討ちにあい，アイヌの敗北に終わった。

❷**朱印船貿易**はおもに東南アジアとの間で行われ，シャム(現在のタイ)のアユタヤなどに日本町がつくられた。

❸重要な問題がおこると，老中と三奉行(町奉行・勘定奉行・寺社奉行)の間で協議した。

❹**参勤交代**には，将軍と大名の主従関係を確認する意味があった。

❺cは島原半島と天草諸島，dは北海道南西部である。

❻アイヌ民族との交易は，渡島半島南部を領地とした松前藩が独占していた。

2 ❶人口の8割以上を占める百姓は，おもに農村に住み，土地をもつ**本百姓**と土地をもたない**水のみ百姓**に分かれていた。

❸名字をもつことと刀をもつことは，武士の特権とされた。江戸時代になって戦乱がなくなると，武士は幕府や藩の役人としての仕事や，治安を守る仕事を受けもつこととなった。

④江戸時代の産業

✔基本をチェック

❶商品作物　❷いわし
❸東海道　❹菱垣
❺蔵屋敷　❻三都
❼朱子　❽享保
❾公事方御定書　❿打ちこわし
⓫松尾芭蕉

10点アップ！

1 ❶西廻り航路　❷ア
❸両替商
❹株仲間
❺イ　❻千歯こき

2 ❶①エ　②イ
❷A…菱川師宣　B…井原西鶴
C…近松門左衛門

解説

1 ❶酒田(山形県)から日本海を西へ向かい，下関を回って瀬戸内海から大阪にいたる航路である。江戸の商人である河村瑞賢により開かれた。

❷各藩の**蔵屋敷**がおかれ，全国の商業の中心地として栄えた**大阪**は，「**天下の台所**」とよばれて栄えた。**イ**は京都，**ウ**は江戸。

❹**株仲間**は幕府に税をおさめるかわりに，営業の独占権を認められていた。商人どうしの競争を防ぎ，利益を守ることを目的に結成された。

❺**エ**は蝦夷地(北海道)，**ウ**は九十九里浜(千葉県)で行われた。

2❶① 犬を傷つけることを取りしまっていることが読み取れる。5代将軍**徳川綱吉**が出した**生類憐みの令**で，特に犬に対して極端な愛護を命じた。

② 8代将軍**徳川吉宗**が定めた**公事方御定書**である。享保のころ，訴訟が増えたため，公平な裁判の基準を示した。

❷A 菱川師宣は，元禄のころ江戸で活躍した絵師である。

B 井原西鶴は，町人のありのままの生活をえがいた。このような小説を**浮世草子**という。

❺幕府政治の改革

✔基本をチェック

❶**田沼意次** ❷**朱子学**
❸**蘭学** ❹**解体新書**
❺**本居宣長** ❻**寺子屋**
❼**異国船打払令** ❽**ロシア**
❾**大塩平八郎** ❿**天保**
⓫**株仲間** ⓬**葛飾北斎**
⓭**十返舎一九**

10点アップ！

1❶**老中** ❷番号…② 人物…**松平定信**

❸例 **株仲間を奨励し，特権をあたえるかわりに税をおさめさせた。**

❹**杉田玄白** ❺**伊能忠敬**

❻**曲亭馬琴［滝沢馬琴］**

2❶①**イ** ②**ウ**

❷**ラクスマン** ❸**渡辺崋山［高野長英］**

解説

1❶①は積極的な経済政策を打ち出していることから，老中の**田沼意次**とわかる。②の松平定信も老中の職についた。

ミス注意！

各政治に共通する政策

・江戸に出ていた人々を農村へ帰す
…松平定信と水野忠邦

・質素と倹約…徳川吉宗，松平定信，水野忠邦

❹実際の人体解剖を見学した**杉田玄白**は，オランダ語の医学書の正確さにおどろき，これを日本語に翻訳して**『解体新書』**を出版した。

❺**伊能忠敬**は幕府の命令を受けて全国の海岸線を測量し，正確な日本全図をつくった。

2❶① 19世紀前半から外国船が来航すると，幕府は鎖国政策を守ろうとして，1825年に**異国船打払令**を発した。

② 1830年代には天保のききんがおこり，農村が荒廃したため，1841年，老中の**水野忠邦**は**天保の改革**を始めた。

❷松平定信は漂流民を受け取ったものの，通商の求めには応じなかった。

❸**渡辺崋山**や**高野長英**などの蘭学者の集まりを蛮社とよんだため，これらの蘭学者が処罰されたできごとを**蛮社の獄**という。

4章

近代❶

①欧米の発展

✔基本をチェック

❶絶対王政　❷ピューリタン
❸権利の章典　❹フランス
❺独立宣言　❻人権宣言
❼産業革命　❽イギリス
❾太平天国　❿南北戦争
⓫ビスマルク

10点アップ！

1-❶②エ　④ア
❷a…ウ　b…ア
❸資本主義（経済）
2-❶ロシア　❷リンカン［リンカーン］
❸エ　❹インド大反乱

解説

1-❶② 1775年に始まった**アメリカ独立戦争**を指揮し，独立後に初代大統領となったのは**ワシントン**である。
④ フランス革命の終結を宣言して，フランス皇帝となったのは**ナポレオン**である。**イ**はロシア皇帝，**ウ**はプロイセン王国の首相，**オ**はイギリスの女王。
❷a ①は名誉革命のときオランダからまねかれた新国王について述べている。**ウ**の権利の章典では，議会と国王がたがいの権利を確認し合った。
b 1776年に発表された独立宣言である。**イ**は1789年のフランス人権宣言。
❸資本主義が広まると，資本家と労働者の間の貧富の差が大きくなっていった。
2-❶19世紀には，ロシアは黒海から地中海沿岸，中国東北部などへの進出を強めた。これを南下政策という。
❷アメリカが西部へ国土を広げるにつれ，新しい州で奴隷制を導入するかどうかなどの政策をめぐり，北部と南部が対立した。
❸**アヘン戦争**に勝利したイギリスは，香港の譲渡，上海などの開港を清に認めさせた。
❹Dのインドでは，産業革命の進んだイギリスで大量生産された綿織物が流入し，国内の手工業による綿織物業が打撃を受けていた。

⚠ミス注意！
・アヘン戦争の原因
…インドから清へのアヘンの輸出
・インド大反乱の原因
…イギリスからインドへの綿織物の輸出

②開国と江戸幕府の滅亡

✔基本をチェック

❶浦賀　❷日米修好通商条約
❸横浜　❹生糸
❺井伊直弼　❻尊王攘夷
❼薩英戦争　❽薩長同盟
❾大政奉還　❿戊辰

10点アップ！

1-❶ペリーの来航　❷函館
❸A…領事裁判権［治外法権］
B…関税自主権
❹安政の大獄
2-❶①ア，イ　②イ→ア→ウ
❷王政復古の大号令
❸①b　②e

解説

1-❶「上喜撰」は高級なお茶の銘柄で，ペリーの蒸気船を表す。お茶の眠気をさます作用と，幕府の鎖国政策が動揺しているようすをかけて表現している。

❸A 日本で外国人が裁判にかけられる場合，その国の領事が自国の法律にもとづいて裁判を行うこととされた。

B 貿易品にかける関税を自国で決める権利である。関税自主権がなかったことで，安い綿織物が大量に輸入されることとなった。

❹開国の方針に反対する大名や公家の間に，天皇を尊ぶ**尊王論**と外国人を排斥する**攘夷論**が高まり，両者が結びついて**尊王攘夷運動**がおこった。これに対して大老の井伊直弼は，尊王攘夷派をきびしく処罰した。これを**安政の大獄**という。

2 ❶① アの薩摩藩は鹿児島県の一部，イの長州藩は山口県の一部を占めていた。

② イは1862年，アは1863年，ウは1864年。生麦事件に対する報復として薩英戦争がおこったことをおさえておく。ウは1863年の長州藩による外国船砲撃に対する報復である。

ミス注意！

薩摩藩・長州藩の攘夷とそれに対する報復は1年ずつずれている。

・薩摩藩…1862年生麦事件
→1863年薩英戦争

・長州藩…1863年外国船砲撃
→1864年4か国艦隊の下関砲台占領

❷**徳川慶喜**は新政府への参加が認められず，すべての領地の返上を命じられた。

❸1868年，旧幕府軍が京都の鳥羽・伏見で新政府軍と戦いをおこし，**戊辰戦争**が始まった。戦線は北上し，1869年に函館の五稜郭で旧幕府軍が敗れ，戦争は終わった。

❸明治維新

基本をチェック

❶五箇条の御誓文　❷廃藩置県
❸平民　❹徴兵令
❺地租改正　❻福沢諭吉
❼樺太・千島交換　❽自由党
❾天皇　❿国会期成同盟
⓫帝国議会

10点アップ！

1 ❶①**版籍奉還**　②**華族**
③○　④○
❷a…3　b…**現金**
❸A…エ　B…ア　C…ウ

2 ❶**民撰議院設立**　❷**士族**
❸C…**大隈重信**　D…**伊藤博文**
❹例 **君主の権限が強い点。**

解説

1 ❶① 大名に土地と人民を天皇へ返させたのは，1869年の**版籍奉還**である。1871年の**廃藩置県**では，藩を廃止して府県をおいた。

② 大名と公家は華族にまとめられた。

❷土地の値段を基準とし，税率を全国共通の3％として土地の所有者に地券を発行し，土地の所有者が現金で地租をおさめることとした。のちに地租改正反対一揆が広まったため，1877年に税率は2.5％に引き下げられた。

❸A **日清修好条規**では，たがいの港を開港すること，日本と清が領事裁判権（治外法権）をたがいに認めることなどが定められた。

B **日朝修好条規**では釜山など3港を開港すること，朝鮮は日本の領事裁判権を認めることなどが定められた。

C **樺太・千島交換条約**では，樺太をロシア領，千島列島を日本領とした。

2-❶板垣退助らは，少数の有力者による専制政治をやめさせ，国民が選んだ議員でつくる議会を開くことを求めた。

❷士族は身分上・経済上の特権をうばわれ，政府に対する不満を強めていた。

❸C 1881年に政府が国会開設を約束すると，それにそなえて政党が結成された。翌年，**大隈重信**はイギリスを模範とする議会政治をめざし，**立憲改進党**を結成した。

❹ヨーロッパへ渡った**伊藤博文**は，君主の権力が強いドイツ（プロイセン）やオーストリアの憲法を学んで帰国し，憲法草案を作成した。草案は枢密院での非公開の審議を経て，1889年に**大日本帝国憲法**として発布された。

❹日清・日露戦争と近代の産業

✔基本をチェック

❶**欧化**　❷**陸奥宗光**
❸**台湾**　❹**三国干渉**
❺**日英同盟**　❻**与謝野晶子**
❼**樺太**　❽**中華民国**
❾**八幡製鉄所**　❿**石川啄木**

10点アップ！

1-❶①**下関条約**　②**ポーツマス条約**
❷**甲午農民戦争**　❸**遼東半島**
❹**ウ**　❺**樺太**　❻**ロシア**

2-❶①**エ**　②**ア**
③**ウ**　④**イ**
❷**北里柴三郎**　❸**ア**

解説

1-❶① 下関条約は1895年に結ばれ，清の領土の一部を日本領とすること，清は多額の賠償金を日本へ支払うことなどが定められた。

② **ポーツマス条約**は1905年に結ばれ，南樺太を日本領とすること，日本が満州の鉄道の利権を得ることなどが定められた。

❷朝鮮で外国勢力に反対する農民の暴動（**甲午農民戦争**）がおこり，この鎮圧のため日本と清がともに兵を送ったことから，**日清戦争**が始まった。

❸ロシア・ドイツ・フランスに対抗する力のなかった日本は，**三国干渉**を受け入れ，遼東半島を清に返還した。ロシアは日本が返還した遼東半島の旅順と大連を租借した。

❹**イ** 1900年に，外国勢力を排除しようとする動きから**義和団事件**がおこった。

ウ・ア 1911年に清の打倒と漢民族の独立をめざす**辛亥革命**がおこり，1912年に**中華民国**が成立した。

❺南樺太では日本人の移民と都市づくりが進められていった。

❻大日本帝国憲法などで日本の近代化を認めたイギリスは，日本との条約改正に応じた。イギリスはロシアの東アジア進出をおさえたかったため，日本を味方につける意図もあった。

2-❶明治時代の文化の特色として，口語による文学表現，西洋の美術・音楽の導入，自然科学の発達があげられる。

❷北里柴三郎はドイツに留学して医学を学び，破傷風の血清療法の発見で世界的に評価された。

❸国会議員だった田中正造は議員を辞職したうえで天皇に足尾銅山鉱毒事件被害者の救済を直訴した。**イ**は1839年に蛮社の獄で処罰された。**ウ**は1837年に大阪で乱をおこした。

5章

近代❷・現代

❶第一次世界大戦と大正デモクラシー

基本をチェック

❶三国同盟　❷二十一か条
❸ロシア　❹パリ
❺ウィルソン　❻五・四
❼ワシントン　❽原敬
❾治安維持法　❿全国水平社

10点アップ!

1-❶A…イギリス　B…ドイツ
❷A　❸ベルサイユ条約
❹①イ　②ウ　③ア

2-❶①エ　②カ
③ア　④オ
❷ 例 議会で多数を占める政党によってつくられた内閣。
❸25　❹a

解説

1-❶ドイツの動きを，イギリスはロシア・フランスと手を結ぶことでおさえようとした。

❷1914年に**第一次世界大戦**が始まると，日本は**日英同盟**を理由にドイツに宣戦した。

❸ドイツの敗戦で第一次世界大戦は終わり，**ベルサイユ条約**でドイツは全植民地を失い，多額の賠償金を課せられた。

❹① 1915年に出された**二十一か条の要求**がパリ講和会議で認められたことへの不満から，中国で反日・反帝国主義運動がおこった。

② 日本の植民地とされた朝鮮で独立運動がおこった。

③ ガンディーが非暴力・不服従をかかげ，イギリスに対する抵抗運動を進めた。

ミス注意!
パリ講和会議で認められなかったこと
・アジア，アフリカの植民地の独立
・二十一か条の要求に対する中国の抗議

2-❶① 衆議院第一党の立憲政友会の総裁である**原敬**が，大部分の閣僚を立憲政友会の党員が占める本格的な**政党内閣**を組織した。

③ 第二次護憲運動で加藤高明が政党内閣をつくり，翌年普通選挙制を実現させた。

④ 藩閥を背景とする桂太郎が首相となると，議会政治を求める護憲運動が高まった。

❷議会で多数を占める政党が内閣を組織する制度を，政党内閣制という。

❸納税額による制限が取りはらわれた。

❹寺内正毅内閣が米騒動によって退陣した直後に，原敬内閣が成立した。

❷世界恐慌と日本の中国侵略

基本をチェック

❶世界恐慌　❷ニューディール
❸ソ連　❹ヒトラー
❺満州事変　❻満州国
❼五・一五　❽日中戦争
❾大政翼賛会　❿国家総動員法

10点アップ!

1-❶A…イタリア　C…ドイツ
❷①エ　②イ
❸ブロック経済

2-❶満州国
❷①ウ　②ア
❸二・二六事件　❹イ
❺皇民化政策

解説

1 ❶イタリアではファシスト党が，ドイツではナチス（ナチ党）が政権を取った。イタリアは，パリ講和会議で領土拡大の要求が認められなかったことに不満をかかえ，植民地獲得にのりだした。

❷① スターリンは農業の集団化を進めるとともに，重工業の発展をめざした。

② ローズベルトは政府の権限を強めて公共事業を進め，失業者を救済した。

❸**ブロック経済**により自由貿易がさまたげられ，植民地をもたない国の不満が高まり，国際協調がくずれていった。なお，アメリカも保護貿易の政策をとり，輸出入が減少した。この結果，日本からのアメリカへの生糸の輸出がとだえ，日本も深刻な不景気となった。

2 ❶**満州国**は，清の最後の皇帝溥儀を元首として日本が建てた国で，実権は日本がにぎっていた。

❷①は柳条湖事件，②は盧溝橋事件とよぶ。

ミス注意！

・満州事変（1931年）…関東軍が奉天郊外の柳条湖で南満州鉄道の線路を爆破したのがきっかけ。

・日中戦争（1937年）…北京郊外の盧溝橋で，日本軍と中国軍が衝突したのがきっかけ。

❸1936年2月26日，天皇中心の国をつくろうと考える陸軍の青年将校らが，東京の中心部を一時占拠した。

❹国家総動員法は1938年に制定され，議会の承認なしに人や物資を戦争に動員できるようになった。**ア・ウ**は1925年に制定された。

❺姓名のあらわし方を日本式に改めさせたことを，**創氏改名**という。

❸第二次世界大戦

基本をチェック

❶独ソ不可侵　❷イギリス
❸大西洋　❹フランス
❺真珠　❻太平洋
❼勤労動員　❽疎開［学童疎開・集団疎開］
❾沖縄　❿広島
⓫長崎

10点アップ！

1 ❶**枢軸国**　❷①**エ**　②**イ**
❸**レジスタンス**　❹**ユダヤ人**

2 ❶**エ**　❷**日ソ中立条約**
❸例 **日本に対する石油の輸出を禁止した。**
❹**ウ**　❺**ポツダム**

解説

1 ❶枢軸国は民主主義を否定し，軍国主義による海外侵略を強めた。

ミス注意！

・連合国…アメリカ・イギリス・オランダ・中国など

・枢軸国…日本・ドイツ・イタリアなど

❷① ドイツはポーランドへ侵攻すること，ソ連はバルト三国を勢力下におくことを目的として，**独ソ不可侵条約**を結んだ。なお，ドイツは，ベルサイユ条約で失った領土を回復するという理由で，ポーランドへ侵攻した。

❸ドイツの占領地で，ドイツへの協力拒否などの抵抗運動がおこった。アメリカとイギリスは，ファシズムに対抗して，民主主義を守ることを**大西洋憲章**で宣言した。

❹ヒトラーのナチスは，ユダヤ人の仕事をする権利，自由に移動する権利などをうばい，アウシュビッツなどの収容所へ送

り虐殺した。

2-❶日中戦争のゆきづまりを打開するため，日本はインドシナへ侵攻した。

❷独ソ不可侵条約を結んでポーランドに侵攻したドイツのように，おもにソ連の介入を防ぐ目的で結ばれた。

❸石油などの資源を求めてインドシナへ進出した日本に対して，アメリカは石油の輸出を禁止した。

❹多くの大学生を学業の半ばで戦場へ送り出した。これを**学徒出陣**という。**ア**は1940年，**イ**は1938年にすでに成立していた。

❺アメリカ・イギリス・中国の名で，日本の降伏条件を発表した。

❹第二次世界大戦後の日本

基本をチェック

❶**連合国軍総司令部** ❷**財閥解体**
❸**日本国憲法** ❹**冷たい戦争**
❺**大韓民国** ❻**朝鮮**
❼**サンフランシスコ** ❽**日ソ共同宣言**
❾**石油危機** ❿**日中共同声明**

10点アップ！

1-❶**マッカーサー** ❷**農地改革**
❸**国民主権** ❹**エ**
❺**アフリカ**

2-❶**吉田茂** ❷**国際連合［国連］**
❸**日米安全保障条約** ❹**ウ**
❺**沖縄**

解説

1-❶マッカーサーは，ポツダム宣言にもとづいて日本政府に民主化の指令を出した。

❷自作農を育てることを目的に行われた改革である。

❸天皇主権から国民主権へと切りかえられ，天皇は日本国および日本国民統合の象徴とされた。

❹第二次世界大戦後，中国では再び内戦が始まり，共産党軍が国民党軍に勝利した。

❺戦後，多くの独立国が生まれたアジア・アフリカの国々が集まり，平和十原則を決議した。

2-❶吉田茂は，国内に反対の声もある中で，一部の連合国を除く48か国との講和にふみきった。

❷それまで，国連安全保障理事会の常任理事国であるソ連の反対によって，日本の国連加盟が否決されたことがあった。**ソ連との国交回復**によって，**日本の国連加盟**が実現した。

❸アメリカが引き続き日本国内に軍事基地をおくことを認めた。

ミス注意！

・対アメリカ
…1951年，日米安全保障条約
・対ソ連…1956年，日ソ共同宣言
・対韓国…1965年，日韓基本条約
・対中華人民共和国…1972年，日中共同声明。1978年，日中平和友好条約

❹ラジオ放送の開始は1925年，大正時代である。

❺沖縄返還の背景には，ベトナム戦争で沖縄がアメリカ軍の拠点となったことから，基地と住民の間で対立が深まっていたことなどがある。

❺これからの日本

基本をチェック

❶**アフガニスタン** ❷**ゴルバチョフ**
❸**ベルリン** ❹**ドイツ**
❺**同時多発** ❻**バブル**
❼**阪神・淡路** ❽**京都**

10点アップ!

1 ❶ソ連　❷EC

❸ 例 東ドイツ国民の西側への脱出を防ぐため。

❹オ　❺イラク戦争

2 ❶①オ　②ウ　③イ

❷イ　❸ウ

解説

1 ❶ソ連がキューバに核ミサイル基地を建設していることが明らかになり，アメリカがキューバの海上封鎖にふみきった。アメリカが抗議するとソ連はミサイルを撤去し，危機は回避された。

❸東ドイツは東西ベルリンの境界に壁を建設し，東ベルリン市民が西ベルリンへ脱出するのを防いだ。

❹冷戦終結の2年後の1991年，ソ連が解体した。

❺2011年，アメリカはイラクから撤退した。

2 ❶① 黒澤明監督の『羅生門』は，ベネチア映画祭で最高賞を獲得した。

❷日本でテレビ放送が始まったのは1953年。**ア**は大正時代に始まった。**ウ**は1990年代に普及した。

❸東日本大震災は2011年におこり，東北地方を中心とした太平洋岸に津波などによる大きな被害をあたえた。**ア**は1993年，**イ**は1991年ごろ，**エ**は1992年のこと。

点数アップ!

戦後日本の政治

・55年体制…1955～1993年
・非自民連立政権成立…1993年
・民主党による政権交代…2009年
・自由民主党による政権交代…2012年